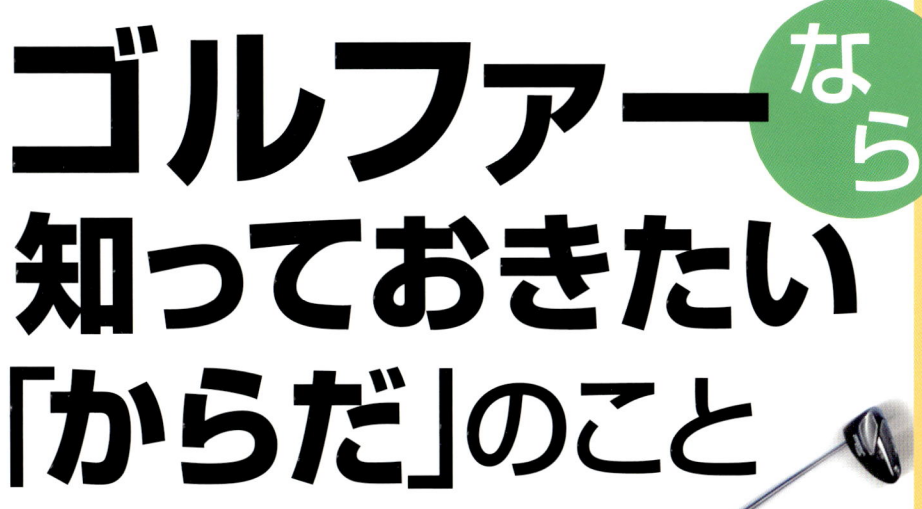

ゴルファーなら知っておきたい「からだ」のこと

浜田節夫／小山田良治／
木寺英史／小田伸午 著

大修館書店

[著者紹介]

浜田節夫（はまだ　せつお）
1960年愛媛県生まれ。中学から大学まで野球部で活躍。立正大学卒。2年間のサラリーマン生活を経て24歳からプロを目指してゴルフを始める。1991年に社団法人日本プロゴルフ協会入会。2010年同協会PGAティーチングプロB級取得。同年日本プロゴルフシニア選手権参戦、PGAティーチングプロシニア選手権優勝。2011年ティーチングプロシニア選手権準優勝、日本シニアオープンゴルフ選手権参戦。現在、愛媛県松山市「いよてつGOLF」・今治市「アクティはしはま」でゴルフスクールを展開し、ティーチング活動とともにプロ選手としても活躍中。小田伸午に運動科学を学び独自のスイング理論を展開。著書に「2軸感覚スイング」（毎日コミュニケーションズ）がある。

小山田良治（おやまだ　りょうじ）
1965年福岡県生まれ。スポーツマッサージ五体治療院代表。プロ野球球団の選手会トレーナーなどを経て1987年に五体治療院を設立。施術と合わせて動作改善などを指導。1998年に小田伸午と出会い、後に、木寺英史を加えて動作研究する「常歩研究会」を立ち上げる。股関節の回旋運動に着目し、ストレッチングに応用。プロ野球選手だけでなく競輪選手やJリーガーなど多くのスポーツ選手の身体を支える。主な著書に『野球選手なら知っておきたい「からだ」のこと』(共著)大修館書店、『左重心で運動能力は劇的に上がる！』(監修)宝島社がある。

木寺英史（きでら　えいし）
1958年熊本県生まれ。筑波大学体育専門学群卒。中学校教諭、久留米工業高等専門学校助教授を経て、2009年より奈良工業高等専門学校准教授。剣道教士七段。アキレス腱断裂をきっかけに剣道の打突動作の研究を始める。その後、小田伸午・小山田良治（五体治療院）と出会い、「常歩（二軸動作）研究会」を結成。剣道をはじめ、スポーツ・武道の動きを研究している。常歩身体研究所管理者。主な著書に『剣士なら知っておきた「からだ」のこと』(共著)　大修館書店、『錯覚のスポーツ身体学』東京堂出版がある。

小田伸午（おだ　しんご）
1954年神奈川県生まれ。東京大学教育学部、同大学大学院博士課程単位取得退学。京都大学高等教育研究開発推進センター教授を経て、2010年より関西大学人間健康学部教授（人間・環境学博士）。元日本代表ラグビーチーム・トレーニングコーチ。人間の身体運動や運動制御機能を物理・生理・心理から総合的に研究・指導している。講演依頼も多く、著書には『スポーツ選手なら知っておきたい「からだ」のこと』大修館書店、『運動科学―アスリートのサイエンス』丸善、『身体運動における右と左』京都大学学術出版会など多数がある。

[編集協力]

撮影カメラマン　（株）ヤマテック 山口洋三
撮影モデル　浜田節夫プロ（アクティはしはま所属）　西田美咲　久保友人
撮影協力　松山シーサイドCC　アクティはしはま（ゴルフ練習場）
写真提供（タイガーウッズ＆フィルミケルソン）ゴルフスタイル社　（ゴルフ以外のスポーツ）アフロ
ＣＧ骨格人体作図　小山田良治
イラスト　落合恵子
編集アドバイス　片山健二（福山平成大学教授）

●読者の皆さんへ●

　皆さんは、自分のスイングやショットが上手くいかないとき、どうされていますか。ゴルフ雑誌や書籍、テレビ中継の解説などを参考に自分のスイングをチェックされている方も多いと思います。

　これまでのゴルフ関連書の多くは、その時々のトップ選手のスイングを、アドレス→バックスイング→トップ・・・という流れに沿って、コマ送り的な画像をもとに、解説者による客観的な解説で記述されてきました。しかし、このような解説者視点による客観的な解説には、選手がもつ主観的感覚とは異なる表現がいくつもあります。例えば「バックスイングで右に体重（重心）を移動させて・・・」といった従来のスイング理論で基本とされてきた表現は、その最たるものだと私は考えています。また、テレビ中継での誇張演出されたスイング音は、選手が力一杯フルスイングしているような錯覚を与えています。

　私は、ティーチング活動とともに競技者としての道も歩み、2010年からは日本プロゴルフシニア選手権にも参戦し、日本プロゴルフ界の一時代を築いた多くのトッププロのスイングや選手同士の意見交換を見聞きする機会を得ました。そこで、トッププロのスイングは、外からは（客観）右へ体重（重心）を移動させてバックスイングしているように見えても、選手自身（主観）は、右に体重（重心）を移動させるのではなく、むしろ右への体重（重心）移動を抑えてからだの左サイドに軸感覚を置いてスイングしていることを改めて確認しました。多くのアマチュアゴルファーが解説書通りにスイングしても上達しないのは、このように解説者（客観）と選手（主観）の間には大きな違いがあるためです。本書では、他にも客観と主観の違いで異なる事例を取り上げながら、皆さんが客観的に理解した動作は、どのような感覚で実践していけばそうなるのかを、からだの使い方や練習ドリルを盛り込みながら理解しやすく解説しています。

　また、1990年代後半から現在に至るまでのゴルフクラブの進化は、スイングにも大きな影響を与えました。特に、クラブの軽量化はジュニアゴルファーのレベルアップに大きく寄与し、石川遼選手や松山英樹選手をはじめ、10代から活躍する選手が多くなりました。

　本書では、ゴルフクラブの進化によるスイング理論の変化にも触れ、上達を妨げる道具の「落とし穴」や正しい道具の選び方にも触れています。本書を読まれた読者の皆さんが、これまでに良いショットを放ったときの感覚は「なるほど、良かったときのスイング（動作）は、実はこういうことだったのか」と気付き、感じ取っていただければ幸いです。上達にはからだの使い方、つまり自分のからだを動かす動作感覚がとても大切です。

　さあ、これから皆さんのからだの中に備え持っている動作感覚を呼び起こし、これまでにない、自分自身のオリジナルなスイングを手に入れて下さい。

著者を代表して　浜田　節夫

●CONTENTS●

●読者の皆さんへ

序章 スコアに結びつく理想のスイング — 7

1. スイングと飛距離 — 7
- あなたは飛距離重視？ それとも正確性重視？ 7
- スイングでのからだの使い方 8
- 自分に合ったクラブを使う 8
  - 囲み記事・ゴルフクラブの選び方 10

2. ねらった場所に落とせる正確さ — 11
- 障害を避ける多彩な弾道で攻める 11
- スイングにはイメージが大切 11

3. スイングに必要な再現性と順応性 — 12
- あなたはスイング動作を難しく考えていませんか？ 12
- クラブに対する順応性が大切 14
  - コラム：ゴルフと用具 16

第1章 知っておきたい上肢・上半身の動き — 17

1. 子どものスイングに学ぶ — 18
(1) 子どもは左足から構える 18
(2) クラブの重さ（重力）にまかせるスイング 19
(3) クラブを高い位置に上げる 20

2. 知っておきたい「腕を大きく使う」こと — 21
(1) 目指そう高いトップ・オブ・スイング 21
　やってみよう：胸鎖関節を使って両腕を高く持ち上げてみよう 23
(2) 肩を回してスイング（左肩90度の真実） 23
(3) 深い肩の回転が必要な理由 26
　やってみよう：肩甲骨をスライドさせて手が伸びる感じをつかむ 27
　ドリル：肩甲骨と胸椎のストレッチ 27

3. 知っておきたい「押す」動作 — 28
(1) クラブヘッドに「働く力」を知ろう 28
　やってみよう：クラブヘッドでボールを押し返す感覚をつかもう 31
(2) 押す動作の左軸打法、引く動作の右軸打法 32
　やってみよう：左軸感覚をつかもう①左軸・左軸感覚でいきなりショット 33
　やってみよう：左軸感覚をつかもう②右足踏み出しショット 34

4. 知っておきたい前腕の三角形 — 35
(1) 三角形とクラブフェースの関係 35
(2) 三角形は二つある — 37

（3）三角形を保つための上腕外旋　38
　　　　　やってみよう：ボールのはさみ打ち　39

5. 知っておきたい「脇を締める」こと ──────────────── 40
　　　（1）脇を締めるとは　40
　　　　　やってみよう：肩甲帯ストレッチ　41
　　　（2）近代クラブと左上腕外旋の重要性　41
　　　　　やってみよう：クロスハンドショット　42

6. 知っておきたい「綱押し」のこと ──────────────── 43
　　　（1）シャフトに働くトルクについて　43
　　　（2）シャフトに真っ直ぐの力を加える「綱押し」〜両腕の上腕外旋・前腕回外〜　44
　　　　　コラム：「綱押し」と剣道の『茶巾しぼり』　45
　　　　　やってみよう：腕全体を外側に回す綱押し　46
　　　　　ドリル：綱押しショットの練習　46

7. 知っておきたい「力感」のこと ──────────────── 47
　　　（1）ヘッドスピードを上げるにはテンポをゆっくり　47
　　　　　ドリル：クラブを2〜3本持っての素振り練習　50
　　　　　ドリル：スイングの途中で右手を離しながらの素振りや打球練習　50
　　　　　コラム：胸を右に向ける時間の長いタイガーウッズ　51
　　　（2）スイングで大切な「タメ」とは　52
　　　（3）知っておきたいヘッドアップとヘッドスピードの関係　54

第2章　知っておきたい下肢・下半身の動き ──────── 55

1. 腰が回るとはどこが動くのか？ ──────────────── 56
　　　（1）腰椎は回らない　56
　　　（2）股関節の内旋と外旋　58
　　　　　コラム：爬虫類のように芝目を読む　60

2. 知っておきたい重心移動〜素早い動作は「左→左」〜 ──── 63
　　　（1）ほんとうに右重心？　63
　　　（2）左に残すと動きは速い　64
　　　　　やってみよう：反復横跳び　64
　　　（3）重心は外旋する側にシフトする　65
　　　　　やってみよう：つま先開きショット　65

3. 知っておきたいアウトエッジ〜外旋立ち〜 ──────── 66
　　　（1）動きの方向と支持点のこと 〜重心点と支持点〜　66
　　　　　やってみよう：椅子からアウトエッジ荷重で立ち上がってみよう　68
　　　　　やってみよう：スムーズに動けるときの荷重はインエッジ or アウトエッジ？　68
　　　（2）拇指球で蹴ると重心を押し上げる〜「右足の蹴り」の誤解〜　69
　　　　　やってみよう：サイドステップをしながらスイング（素振り）してみよう　69

4. 知っておきたい骨盤の前傾 ──────────────── 70
　　　（1）知っておきたい正しい立ち方　70
　　　（2）こうすれば骨盤は前傾する　73

（3）流れるように動くことができる骨盤前傾　73
　　　やってみよう：自分の骨盤角度をチェックしてみよう　75
　　　コラム：丹田の作り方〜下腹をゆるめる〜　76

5．知っておきたい膝の使い方 ─────────────────── 77
　（1）膝は使うのではなくて動くもの　77
　　　やってみよう：ワイドスタンス・ショット　78
　（2）左の膝は外旋　78
　　　やってみよう：つま先開きショットで重心移動を感じよう　79
　（3）「左の壁」って何だろう？　79
　　　やってみよう：「左の壁」という感覚をつかもう　80

第3章　知っておきたい体幹のこと ─────────── 81

1．知っておきたい左軸感覚 ───────────────────── 82
　（1）左軸感覚とは　82
　　　やってみよう：右から左への回旋運動で重心移動しやすいのはどちら？　85
　（2）トッププロに多い左軸感覚　88
　　　コラム：左軸の妙　91
　（3）右打ちと左打ちの軸感覚　92
　　　やってみよう：軸感覚をつかむ片足でのボール打ち　95
　（4）アドレスのとり方でつくれる左軸（左重心）　96
　　　やってみよう：左軸が前に出やすいことを体感してみよう　97
　（5）からだは左に回りやすい　97
　　　ドリル：左軸感覚をつかむ左片足ホッピング　98
　　　囲み記事：ヘッドスピードと飛距離の関係　99
　（6）軸のとり方で飛距離は変わる　101

2．左軸感覚で動かす体幹の使い方 ──────────────── 102
　（1）左軸感覚で動かす体幹のコイリング（巻き上げ）　102
　　　ドリル：ストップ・モーション・ドリル　104
　　　コラム：フィニッシュの形でショットした選手の意図がわかる　105
　（2）ジャストミートするための骨盤と体幹の使い方　106
　　　ドリル：体幹側部の柔軟性を高め、縮める（ゆるめる）感覚をつかむ練習　109
　（3）ジャストミートの極意（コツ）〜からだの「寄せ」〜　110
　　　やってみよう：からだの「寄せ」を感じてみよう　110
　　　ドリル：左軸感覚を支える体幹ドリル　111
　（4）骨盤の水平を導く「膝の抜き」　115
　（5）水平感覚を養う練習方法　117
　　　やってみよう：傾斜面ショット　117
　　　やってみよう：斜面のつもりショット　118
　　　ドリル：High-Tee ショット練習　118
　　　コラム：ボールをよく見るとはどういうことか〜遠山の目付け〜　119

PROLOGUE

◉序章◉

スコアに結びつく理想のスイング

　ゴルフは、広大な芝生や原野を利用した18ホールのコースで行います。コースには自然の地形を利用して立木やバンカー、池やOBゾーンなどが設けてあります。これらはゴルファーの攻めを難しくするためにコース設計者が仕掛けた罠です。少ない打数でホールアウトするには、これらの企みを見抜き、仕掛けられた罠にはまらないように攻めなければなりません。

　言うまでもなく、ゴルフはボールの打ち方（スイング）で飛距離や弾道（球筋）をコントロールします。もし皆さんが、自分のねらったイメージ通りのボールを打とうとするのであれば、自分に合ったクラブを選び、ねらいに応じた合理的なスイングをする必要がありますが、その合理的な良いスイングは、あなた自身の「からだの使い方」から生まれてくることを知っておく必要があります。

　そこで本書は、まずゴルフスイングと飛距離や正確性について概説し、次章からは良いスイングを生み出すからだの動きや使い方、それを習得するためのドリルなどを紹介したいと思います。

1 ── スイングと飛距離

●あなたは飛距離重視？ それとも正確性重視？

　より遠くへボールを飛ばすことは、プロ・アマを問わず全てのゴルファーの憧れです。特にドライバーで同伴競技者をアウトドライブしゴールデンステップを踏むときは、何ともいえない優越感をおぼえます。そのせいか、アマチュアゴルファーは正確性よりも飛距離を競い合う傾向が強いように感じます。

　練習でも、やたらとドライバーを振り回して、フルスイングの練習に多くの時間を費やす光景をよく見かけます。飛距離を追求しながら練習することは決して悪いことではありません。むしろ、飛距離は年齢とともに落ちてくるので、常に飛距離を求める姿勢は大切だと思います。ですが、練習する上で大切なことは、遠くへボールを飛ばせる「からだの使い方」を知って練習することです。

ゴールデンステップ：同伴競技者のボールをアウトドライブし、そのボールを横目に見ながら優越感にひたって前に進むステップのこと。

ガムシャラにドライバーを振り回して練習していれば、何球・・・いや、何十球に1球くらいは目の覚めるようなショットを放つことができるかもしれません。でも、それは非常に確率の低い何十分の1のスイングでしかないのです。

　飛距離をスコアに結び付けるには、もっと確率の良いスイングを身に付けなければなりません。プロは100球に一度のミスを無くすために毎日試行錯誤しながら練習しています。良い「からだの使い方」を知り、ミスの少ないスイングを身に付けることは、飛距離をスコアに結びつけるために大変重要なことなのです。

●スイングでのからだの使い方

　では、スイングでの良い「からだの使い方」とはどういう使い方なのでしょう？ボールを遠くへ飛ばすためには、クラブヘッドが加速しながらインパクトで最速になることが不可欠です。そのためには「からだの使い方」がポイントになります。効率の良いからだの動かし方は、ゴルフに限らず他のスポーツでも共通するものだと考えています。

　その一つに、からだの各部位が順序よく動いていくことがあげられます。例えば、投げる・走る・打つなどの優れた動作には、筋肉の多い部位から少ない部位へと動きが伝わっていくという共通点があります。からだでもっとも筋肉の多い部位は骨盤（股関節）周辺です。ゴルフスイングでのフォワードスイング（ダウンスイング）では、骨盤（股関節）の回旋運動から始まり、肩→肘→手首（上肢）と順序よく動きが伝わっていきます。

　さらに、最初に動き始めた部位から減速しながら次の部位へと速さが伝わります。このような、動きと速さの伝達が順序よく行われていく動作が「タメ」と言われているものです。こうした、動きと速さの伝達が順序よく行われるための、関節各部の動かし方や使い方を知っていただくために、本文でわかりやすく解説しています（p.52 スイングで大切な「タメ」とは 参照）。

●自分に合ったクラブを使う

　確率の高いスイングで飛距離を伸ばすためには、「からだの使い方」以外にも知っておきたい大切なことがあります。それは、自分に合ったクラブを使うということです。「自分に合ったクラブ・・・」と言っても、ちょっとわかりにくいですよね。では、皆さんがクラブを選ぶとき、何を基準にして選びますか？

- CMを見て飛びそうだったから。
- 有名選手が使っているから。
- 周りの人が使っているから。
- ショップの人に薦められたから。etc

　これらはどれも基準が自分自身以外ですよね。

　いくら良いからだの動きを身に付けても、クラブが合っていなければ飛距離のアップは望めません。

　自分に合ったクラブを選ぶポイントは、自分自身の能力に見合ったクラブを選ぶことなのです（p.10「ゴルフクラブの選び方」参照）。

タイガーウッズ（Eldrick Tiger Woods）

●ゴルフクラブの選び方

＜ドライバーの場合＞

飛距離に対してクラブの総重量がある程度決まってきます。ゴルファーがドライバーを振り切れるクラブヘッドの重量は190～200グラムがボリュームゾーンで、シャフトの長さによりヘッドの重さは変わります。目安は44インチ＝200グラム、45インチ＝195グラム、46インチ＝190グラム程度になります。クラブヘッドの重さにシャフトとグリップの重さを加えたものがクラブの総重量になります。例えば、

- 300ヤードをコンスタントに飛ばせる能力があるゴルファーなら、シャフト重量が70グラム台で総重量は320～325グラム。
- 250ヤードをコンスタントに飛ばせる能力があるゴルファーなら、シャフト重量が60グラム台で総重量310～315グラム。

といったように、自分の能力に合ったシャフト重量と総重量を目安にクラブを選ぶとよいでしょう。

＜アイアンの場合＞

自分のヘッドスピードに応じてスペックを選んでいきます。例えば、5番アイアンの場合なら、

- ヘッドスピード44m/s以上のゴルファーなら重心距離37mm迄のアイアン。
- ヘッドスピード40～43m/sのゴルファーは重心距離39±1mmのアイアン。
- ヘッドスピード39m/s以下のゴルファーなら重心距離41±1mmのアイアン。

これらが理想のスペックといえます。

また、重心距離の短いアイアンは、小さ目のヘッドになるためスイングしたときに軽く感じるので、重量のあるスチールシャフト。重心距離の長いアイアンは、大き目のヘッドになるためスイングしたときに重く感じるので、軽量スチールシャフトかカーボンシャフトのような軽いシャフトを選びます。

あとは、ヘッドスピードが速いゴルファーは重心角を小さくして、ヘッドスピードの遅いゴルファーは重心角を大きくしますが、この辺りはクラブメーカーがしっかり管理しているので大丈夫でしょう。

飛距離を伸ばすためには、スイング自体の「からだの使い方」を覚えながら、自分の能力を高め、その能力に合ったクラブを選んでいくということが大切です。

一流と呼ばれるゴルファーはスイングはもちろんのこと、クラブもしっかり管理しています。

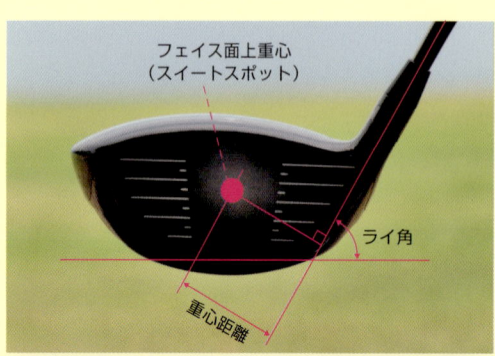

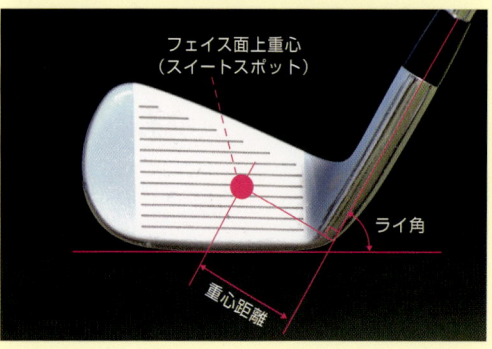

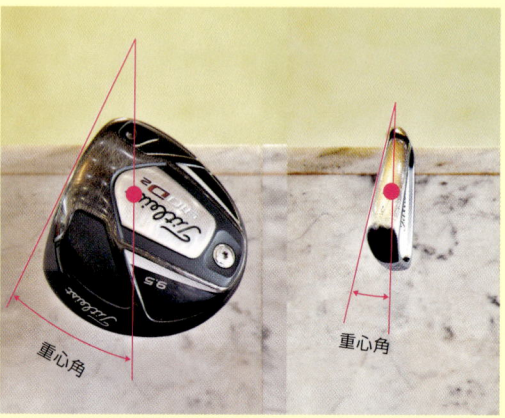

重心距離はシャフト軸線からフェース面上の重心に向かって垂線を延ばした際の、両者の間の長さ。インパクト時のヘッドの返りやすさを左右し、スイングに強い影響を与える。重心距離が長いヘッドは返りにくく、短いヘッドは返りやすい。

図0-1　ドライバーとアイアンの重心距離と重心角

2 ── ねらった場所に落とせる正確さ

● 障害を避ける多彩な弾道で攻める

　良いスコアを出すためには、飛距離だけでは不足です。いくら飛距離が出ても、OB になったりグリーンオーバーしてしまうようでは良いスイングとは言えません。飛距離をスコアに結び付けるには、OBやウォーターハザードそしてバンカーといった障害を避け、ターゲットに近いところにボールを落とすことが重要です。一流プロは、あらゆる障害を避けるために、フェードボール（目標に向かって飛び、落ちぎわに右に曲がる弾道（球筋））、ドローボール（目標に向かって飛び、落ちぎわに左に曲がる弾道（球筋））、高い球、低い球といった多彩な弾道（球筋）でコースを攻略していきます。例えば、コースの左サイドにOBやウォーターハザードが待ち構えている場合、フェードボールで攻めていけば最悪でもOBやウォーターハザードに打ち込むことはありません。このようにプロはコースを攻める際にショットに保険をかけています。

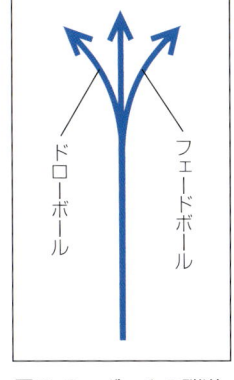

図 0-2　ボールの弾道

● スイングにはイメージが大切

　「じゃあ、プロはどうやって球筋を打ち分けてるの？」

　米ツアーの番組の中で解説者がある有名選手に、「どのように弾道（球筋）を打ち分けていますか？」とたずねたところ、その選手は「打ちたい弾道（球筋）をイメージするだけ」とコメントしていました。アマチュアゴルファーには、雲をつかむような話に聞こえますよね。（笑）

　本当に弾道（球筋）をイメージするだけで、イメージした通りのボールが打てるのでしょうか？

　プロの場合は、プレッシャーの中でショットする際、いちいち「こう上げて…、こう下ろして…」なんて考えながらスイングしていたら、上手くいかないことを経験の中で学んでいます。ですから、プレッシャーの中で思い通りのショッ

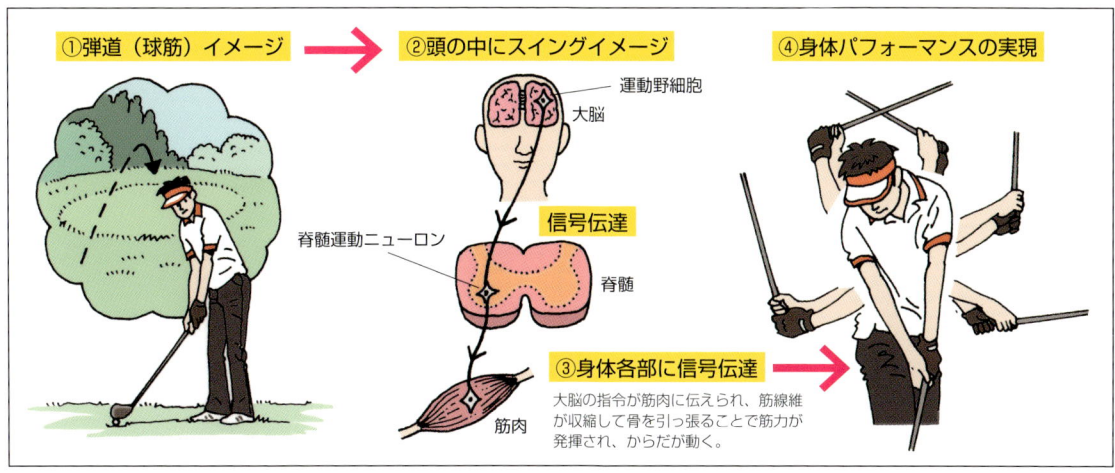

図 0-3　イメージ通りに打つための練習サイクル

トを放つために、日頃の練習の中で、弾道（球筋）のイメージ→頭の中でのスイングイメージ→身体各部に信号伝達→身体的パフォーマンスの実現というサイクル（図0-3参照）を、何万回と繰り返し回路を創り上げていきます。その結果「イメージするだけ」で思うショットが打てるようになるのです。一流プロのように、弾道（球筋）とはいかないまでも、アマチュアの方でも落下地点をイメージすることは可能です。落下地点に対して、どのように構えて（アドレス）からだを動かしていくかイメージし、そのイメージ通りにからだを動かせるように、頭（脳）と身体各部とを結ぶ回路の通りを良くする練習をしっかり行うことが大切です。

　こういった頭（脳）と身体各部とを結ぶ回路の通りを良くする練習は、上達する上ではとても重要なことなのです。アマチュアの方は、雑誌の写真やテレビの映像といった客観的な面のみにとらわれて練習しているようです。確かに上手な選手を真似るということも大切なことかもしれません。こうした練習は、小学生ぐらいまでのゴールデンエイジと言われるジュニアには有効でしょう。特に6〜8歳の時期は神経系のもっとも発達する時期です。この時期に、良い動きを見せたり真似させたりする練習を中心に行うとすごい上達をします。しかし、こうした時期を過ぎたゴルファーは、「**落下地点のイメージ→頭の中でのスイングイメージ→身体各部に信号伝達→身体的パフォーマンス**」というサイクルを繰り返し練習することが大切です。そうすることで、少しずつねらった地点にボールを落とせるようになるはずです。

　ゴルフの正確さとは、偶然ねらった地点に落ちたショットではなく、しっかりとした裏付けを持ったショットを繰り返し打つために、頭の中でのイメージ→身体動作への正確な信号伝達がしっかりできることだと言えます。
　本文では、頭の中で描くスイングイメージを創り上げるための「からだの使い方」をふんだんに盛り込んでいます。読者の方には、本文で正しい「からだの使い方」を学んでいただき、正しいスイングイメージを描けるようになっていただきたいと思います。

3── スイングに必要な再現性と順応性

●あなたはスイング動作を難しく考えていませんか？

　他のスポーツでキャリアを積んだ方に「ゴルフスイングって難しいですね」という言葉を投げかけられます。そういう方に私はいつも「難しく考えるからですよ」と答えています。ゴルフほど情報が氾濫しているスポーツは他にないですよね。多くの方は、雑誌やTVなどメディアからの情報や、上級者からのアドバイスを基にスイング動作を行おうとしています。あまりに多くの情報を頭の中に詰め込みすぎると、脳と身体各部を結ぶ回路がショートしてしまいます。人間は、ゴルフスイングのような2秒前後の極めて短い時間に多くの動作を行うことは不可能

写真 0-1　再現性の高いキャッチボールでの「からだの使い方」とゴルフのスイング

(右投げの場合)①右に腰を回旋させる。②右腕を後方にスイングしながら左足を踏み出す。③左足が地面に着地すると同時に腰の左回旋と重心移動を行う。④腰の左回旋から肩→肘→手首の順番に動きが伝達されていく。そして、動き出した腰から順に減速しながら末端に向かって速さが伝わる。
ゴルフスイングに置き換えると、①②の動作はバックスイングの動作になります。フォワードスイング（ダウンスイング）前半の動作が③の動作で、フォワードスイング（ダウンスイング）後半からインパクトにかけての動作が④の動作です。

です。それ以前に、情報自体が身体的に不可能な動作や表現であったとしたらなおさらです。

　ゴルフに限らず、他のスポーツの優れた動作では、からだを動かす上で非常に再現性の高い「からだの使い方」をしています。再現性が高いとは、動作自体が自然であるということです。例えば、キャッチボールをされたことのある方は、ゴルフスイングと比べてキャッチボールが難しいとは感じませんよね？

　キャッチボールって、ゴルフのスイング動作を説明するときに多くのプロが使うほどポピュラーな動作です（写真 0-1 参照）。

　スイング動作の再現性を高めるには、**からだの動いていく順序と速さの伝達**といった、写真や活字では見えないところに光を当てて、からだの動きに規則性を持たせることが大切です（p.52 スイングで大切な「タメ」とは　参照）。

●クラブに対する順応性が大切

　もう一つ、ゴルフスイングに大切なことがあります。それは、クラブに対する順応性です。

　ゴルフはパターも含めて14本以内の複数のゴルフクラブを駆使してコースを攻略していくスポーツです。14本それぞれのクラブの違いを敏感に感じ取りながらスイングを変えていくことが重要なのです。「いや、スイングはどのクラブも同じ」という意見もあるかもしれませんし、この考え方は決して間違いではありません。しかし、もしクラブが変わってもスイングが同じなのであれば、練習は1本のクラブだけで十分ということになります。

　ところが、そうした多くのアマチュアやプロがドライビングレンジ（打球練習場）では、1本のクラブだけでなく、いろいろなクラブに持ち換えながら練習するのはなぜでしょうか？

　それは、1本1本のクラブの長さ・重さ・重心距離に微妙な違いがあるため、頭では同じスイングと思っていても、からだはそれらの違いを敏感に感じとっているため、クラブを持ち換えて練習する必要があるのです。

　あるレベルまで熟達すると、からだが無意識に手に取ったクラブに動きを合わせるようになるため、スイングしている本人は「スイングはどのクラブも同じ」と感じるようになるのです。

　初心者の方に、「今日はドライバーが良かったのに、アイアンがダメだったなぁ」とか「今日はアイアンが良かったけど、ドライバーがダメだったなぁ」という声が多いのは、手にしたクラブに対してからだが順応できていないためです。

　特に、重心距離の違いはスイングに大きく影響します。ドライバーとアイアンではヘッドの構造が大きく違うため、重心距離に大きな差があるからです（p.10, 図 0-1 参照）。

　また、アイアンのフルショットの場合、距離を出すためにバックスイングでクラブフェースを少し開きながら上げ、フォワードスイング（ダウンスイング）からインパクトにかけてクラブフェースを閉じるように下ろします。このような、クラブフェースを開いて閉じるような動きをクラブヘッドのローテーションと言いますが、アイアンのフルショットでは、クラブヘッドのローテーションを使ったスイングを行います。

　しかし、重心距離の長いドライバーでアイアンと同じようなスイングをすると、右方向にボールが飛び出してしまいます。というのは、重心距離の長いクラブは、クラブヘッドのローテーションが難しいため、重心距離の短いアイアンのようにバックスイングでクラブフェースを開きながら上げると、クラブフェースが閉じきらずに開いてインパクトしてしまうからです。

　そうならないために、ドライバーはバックスイングでクラブフェースを少しシャット（閉じる）に上げていきます。フォワードスイング（ダウンスイング）からインパクトにかけての動きは、アイアンほどではないですが、閉じるようにクラブヘッドのローテーションを使います（写真 0-3 参照）。

　「シャットに上げていればローテーションは要らないのでは？」と考える読者

写真 0-2　クラブによって長さ、重さ、重心距離が微妙に異なる

写真 0-3　クラブヘッドのローテーション（ドライバー）

もいるでしょう。しかし、重心距離の長いクラブヘッドは、インパクト時にボールに押されて後方に動きます（p.28、図1-4 参照）。そのため、飛距離を出すには、ボールを押し返す動き（ローテーション）がどうしても必要になるのです。

　整理すると、アイアンはバックスイングでオープンに上げ、フォワードスイング（ダウンスイング）からインパクトにかけてクラブフェースを閉じる。

　ドライバーは、バックスイングでシャットに上げ、フォワードスイング（ダウンスイング）からインパクトにかけてクラブフェースをゆるやかに閉じる。

　このように、現代のゴルフクラブの進化に即したスイングでは、重心距離に順応させた、二通りのスイングを持つことが大切です（写真 0-4 参照）。

　最近の初心者向けゴルフクラブの傾向として、できるだけドライバーと同じスイングで打てるように、クラブヘッドを大きくしたオーバーサイズのアイアンが流通しています。

①アイアンは、オープンに上げ、クラブフェースをインパクトにかけて閉じる。

②ドライバーはシャットに上げ、インパクトにかけてクラブフェースをゆるやかに閉じる。

写真 0-4　アイアンとドライバーのスイングの違い

アイアンのクラブヘッドを大きくすることで、重心距離をドライバーに近づけようとしているわけです。こうしたオーバーサイズのアイアンは、バックスイングでシャットに上げ、フォワードスイング（ダウンスイング）からインパクトにかけてクラブフェースをゆるやかに閉じる打ち方になります。

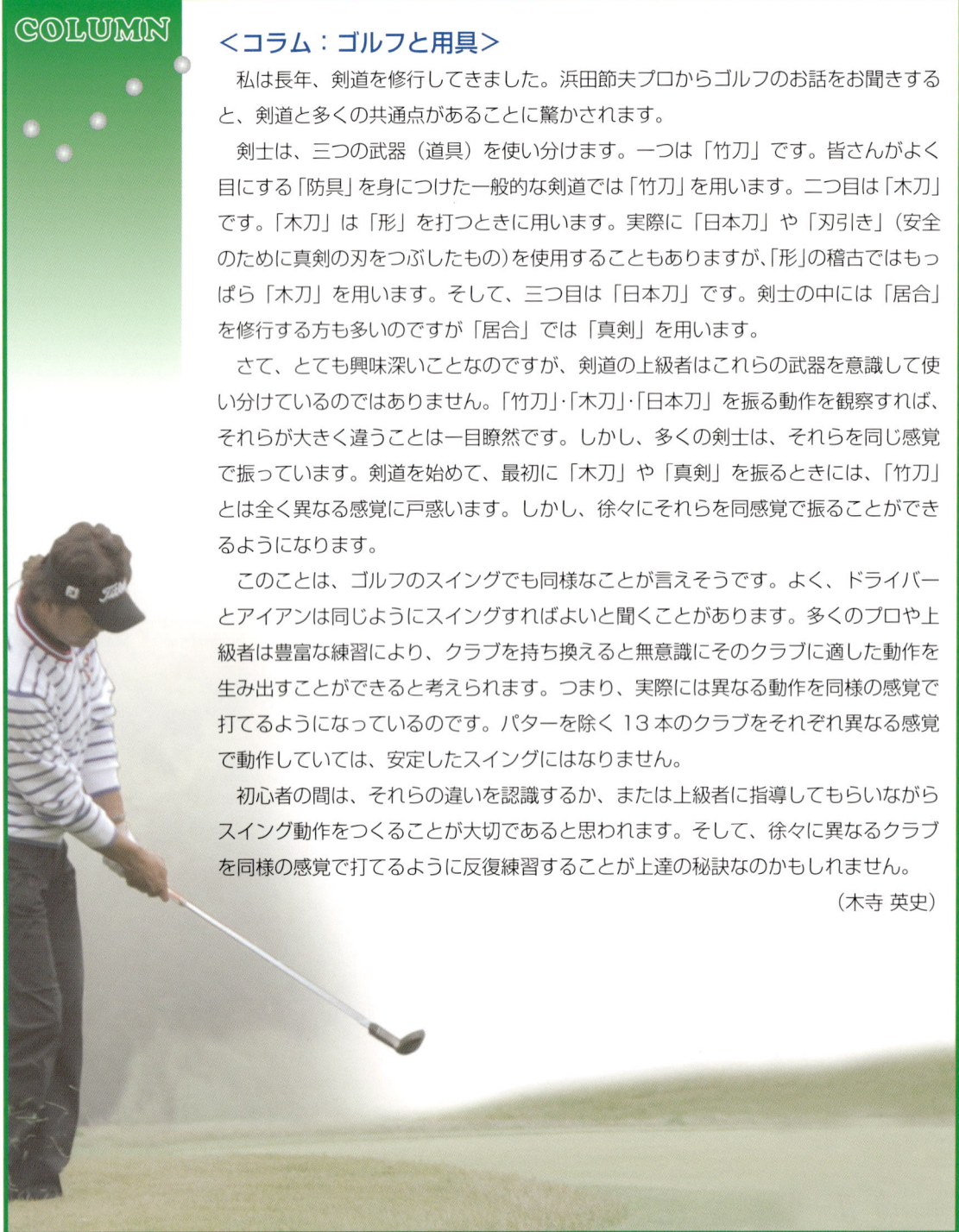

COLUMN

＜コラム：ゴルフと用具＞

　私は長年、剣道を修行してきました。浜田節夫プロからゴルフのお話をお聞きすると、剣道と多くの共通点があることに驚かされます。

　剣士は、三つの武器（道具）を使い分けます。一つは「竹刀」です。皆さんがよく目にする「防具」を身につけた一般的な剣道では「竹刀」を用います。二つ目は「木刀」です。「木刀」は「形」を打つときに用います。実際に「日本刀」や「刃引き」（安全のために真剣の刃をつぶしたもの）を使用することもありますが、「形」の稽古ではもっぱら「木刀」を用います。そして、三つ目は「日本刀」です。剣士の中には「居合」を修行する方も多いのですが「居合」では「真剣」を用います。

　さて、とても興味深いことなのですが、剣道の上級者はこれらの武器を意識して使い分けているのではありません。「竹刀」・「木刀」・「日本刀」を振る動作を観察すれば、それらが大きく違うことは一目瞭然です。しかし、多くの剣士は、それらを同じ感覚で振っています。剣道を始めて、最初に「木刀」や「真剣」を振るときには、「竹刀」とは全く異なる感覚に戸惑います。しかし、徐々にそれらを同感覚で振ることができるようになります。

　このことは、ゴルフのスイングでも同様なことが言えそうです。よく、ドライバーとアイアンは同じようにスイングすればよいと聞くことがあります。多くのプロや上級者は豊富な練習により、クラブを持ち換えると無意識にそのクラブに適した動作を生み出すことができると考えられます。つまり、実際には異なる動作を同様の感覚で打てるようになっているのです。パターを除く13本のクラブをそれぞれ異なる感覚で動作していては、安定したスイングにはなりません。

　初心者の間は、それらの違いを認識するか、または上級者に指導してもらいながらスイング動作をつくることが大切であると思われます。そして、徐々に異なるクラブを同様の感覚で打てるように反復練習することが上達の秘訣なのかもしれません。

（木寺 英史）

第1章 知っておきたい上肢・上半身の動き

　皆さんは多分、これまで運動やスポーツに取り組んだ経験の中で、自然に良い動きができたという経験が少なからずあると思います。そのような自然に良い動きができたときというのは、言語や映像を頭の中で意識しながらからだを動かしたときではなく、自分自身の感覚・感性で動いたときではなかったでしょうか？特に、言語や映像などにとらわれず感覚・感性で動く子どもの優れたからだの使い方には「ハッ！」とさせられることがあります。
　これから皆さんに知っていただくからだの動きは、決して難しいものではなく、皆さん自身のからだの中に備わっている優れた動きを呼び起こすものなのです。

1 ── 子どものスイングに学ぶ

[1] 子どもは左足から構える

　タイガーウッズ選手の登場以来、また最近での石川遼選手の活躍に影響されてか低年齢層のジュニアゴルファーが増えてきました。私自身もいま何名かのジュニアを指導しています。私のジュニアの指導は、最初にクラブの握り方と構え方を簡単に教えた後は、自由に打たせることにしています。それは、子どもの感性を大きく伸ばすためです。子どものスイングをじっくり観察していると、構え方にある特徴が見られます。

写真1-1　子どものゴルフスイングでのアドレスとスタンス

読者の皆さんは、子どもがゴルフスイングするとき、スタンスはどのような形になっていると思いますか?
　①オープンスタンス
　②スクエアスタンス
　③クローズドスタンス

正解は、③のクローズドスタンスです。
なぜ、クローズドスタンスになるのでしょうか?
子どもにスイングに対する先入観を持たせずにボールを打たせると、打球方向（左方向）への意識のみでスイングしようとします。
左方向は運動場（トラック）を使った運動会のかけっこ等で走り出す方向です。子どもに「よ〜いドン」の姿勢をとらせると、多くは左足から前に出し、右足は後ろで体重を左足にかけて半身で構えます。子どもにとっては、打球方向（左方向）に意識を置いてスイングする動きは、「よ〜いドン」の走り出すときの感じなのかもしれません。
ですから、クラブを打球方向（左方向）に動かしやすく構えようとして、「よ〜いドン」のように左足から足の位置を決め、左足に体重をかけるため、クローズドスタンスになりやすいと考えられます。それから次第に、ボールを遠くへ飛ばすためには、直感的にボールのところでクラブを加速させることを覚えていきます。子どもは、「よ〜いドン」の感覚でクローズドスタンスに構えることで、クラブを加速させるための効率の良い「からだの使い方」を感じ取ってそれを実践しているのです。

[2] クラブの重さ（重力）にまかせるスイング

子どもは大人と違って大きな力を持っていません。時折、大人がジュニアを教えている光景を目にしますが、「子どものからだは大人のミニチュア」と勘違いした教え方をしている人がいます。

特に、フォワードスイング（ダウンスイング）の動きで、手首や肘の使い方を強調している教え方が多いようです。大人にとっては、さほど重くないクラブでも、子どもにとっては例えジュニア向けクラブでも重いものです。子どもに対して、力でクラブを操作しようとするのは意識化した大人の錯覚です。からだを痛める原因になります。

子どもは、重いクラブをどうすれば速く動かせるかを感覚的に学びます。高い位置からクラブを下ろせば速く動かせることを次第にからだで覚えてきます。やがて、力を入れるよりも力を抜くことの方が、よりクラブを速く動かせることにも気づいてきます。（p.21 知っておきたい「腕を大きく使う」こと 参照）

第1章　知っておきたい上肢・上半身の動き

写真 1-2　力感の無い子どものダウンスイング

[3] クラブを高い位置に上げる

　　読者の皆さんは、クラブを高い位置に上げるのに適したスタンスをご存知ですか？
　　答えは、クローズドスタンスです。
　　クローズドスタンスは、無意識にからだの左サイドに軸を作る（感じる）ことができます。からだの左サイドに軸を作ることができると、からだの左サイドの回転が大きくなり、クラブを高い位置に上げることが容易になります。クローズドスタンスは、クラブを高い位置に上げるのにもっとも適した構え方なのです。
　　こうした力のない子どもが、無意識にクローズドスタンスでからだの左サイドに軸を作ることで、からだの高い位置にクラブを上げることを直感的に覚え、クラブの重みと重力という外力を使ってクラブを速く動かすという「巧みなからだの使い方」を、大人は大いに学ぶべきではないでしょうか。

2 ── 知っておきたい「腕を大きく使う」こと

[1] 目指そう高いトップ・オブ・スイング

●クラブを加速させるには

　クラブを加速させることは、ボールを遠くに飛ばすための絶対条件です。しかし、腕力（内力）を使ってクラブを加速させようとすると、クラブフェースの向きが不安定になりやすく、方向性が安定しません。方向性を安定させるためには、できるだけアドレス時の**左腕の上腕外旋**のかたちをインパクトで保つことが重要です（写真 1-3 参照）。腕力（内力：筋肉を使って生み出される力）だけでは、左腕のかたちが保ちにくいため方向性が安定しないのです。

写真 1-3　インパクトでの左腕の上腕外旋のかたち

　では、アドレス時の左腕の上腕外旋のかたちを保ち、かつクラブを加速させるためには、どうすればよいのでしょうか？
　答えは、重力（外力：からだの外にある力）を利用することです。
　腕とクラブが落下する力を使うことで、腕力（内力）に頼らずクラブを加速させることができるのです。これは、多くのトッププロが口にする「ダウンスイング（フォワードスイング）では力まない」と通じるところがあるのではないでしょうか。
　さらに、この重力（外力）はトップ・オブ・スイングの高さによってその力の大きさが変わります。トップ・オブ・スイングの位置が高いほど重力（外力）を使える動作範囲が大きくなります。

● トップ・オブ・スイングの位置を高くするには

　では、トップ・オブ・スイングの位置を高くするにはどうすればよいのでしょうか。写真1-4の2枚の写真を見て考えてみて下さい。違いは、腕の関節の使い方がポイントになってきます。

写真1-4　トップ・オブ・スイングでの高さの違い

　ところで、読者の皆さんは腕の始まりはどこか知っていますか？
　答えは、胸鎖関節です。
　ほとんどの方は肩の辺りを想像されたのではないでしょうか？　腕の始まりは図1-1のように胸骨と鎖骨の繋ぎ目の胸鎖関節です。そのため、腕を高く上げるには肩関節や肘関節だけでなく、胸鎖関節をうまく使うことでさらに高いトップ・オブ・スイングをつくることが容易になるのです。

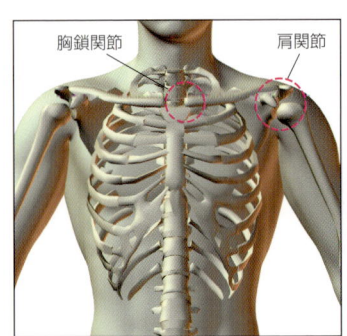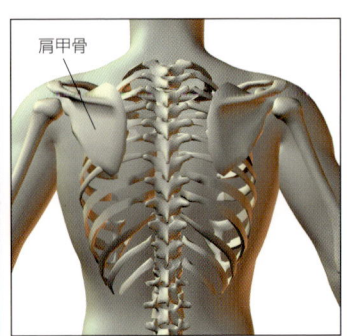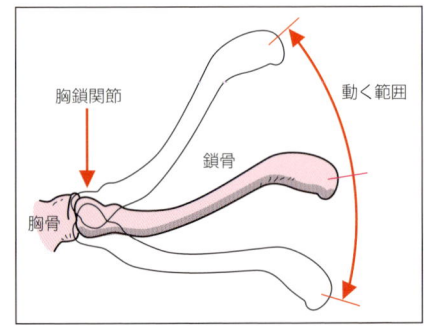

図1-1　胸鎖関節と鎖骨・肩関節の関係　　　　図1-2　胸鎖関節とその動きの範囲

腕は肩についているのではなく、鎖骨の付け根の胸鎖関節から始まっている。そのため、腕を大きく動かすときは鎖骨でつながる胸鎖関節と肩関節が柔らかく動く必要がある。（出典：「スポーツ選手なら知っておきたい「からだ」のこと」　小山田良治作図）

2．知っておきたい「腕を大きく使う」こと

＜胸鎖関節を使って両腕を高く持ち上げてみよう＞

高いトップ・オブ・スイングをつくるために、アドレス位置から、胸鎖関節を使って両腕を右肩上方まで高く持ち上げる練習をしてみよう。

写真 1-5　アドレス位置から胸鎖関節を使ってより高くクラブを持ち上げる

［2］肩を回してスイング（左肩90度の真実）

●肩は90度回らない

あなたの肩は 90 度回っていますか？　回っていないと感じている多くの方は、自分のからだが硬いからだと考えていませんか？　ほんとうにからだが硬いと肩は 90 度回らないのでしょうか？

あなたの左肩が 90 度回らないのは、あなたのからだが硬いからなのではなく、左肩 90 度の真実を知らないためです。

そもそも、左肩が 90 度回ることはからだの構造からしてあり得ないのです。従来の左肩を 90 度回すという解説は、スイングの写真を基に左肩のポジションがアドレスのポジションから見て 90 度の位置に見えることを、客観的に指摘しているにすぎません。

肩の回転を測定するときは、両肩を結んだラインを目安に測定します。両肩を結んだラインが左右に回旋するときに、皆さんはからだのどの部位が動いていると思いますか？

答えは、椎骨です。

つまり、人間の背骨（脊柱）は、上から頸椎（7 分節）、胸椎（12 分節）、腰椎（5 分節）の順に椎骨が連なっていますが、このうち、肩の回転では胸椎（12 分節）と腰椎（5 分節）が左右に回旋することによって、両肩を結んだラインが動いているのです（図 1-3 参照）。

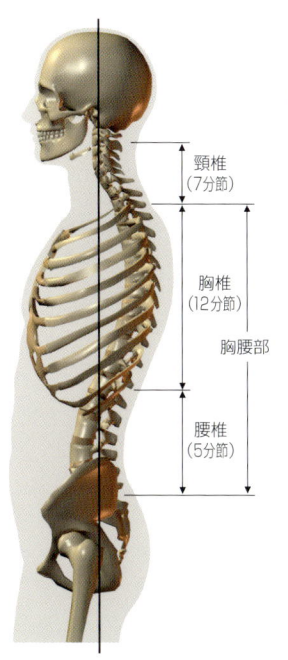

図 1-3　背骨の骨格

第1章 知っておきたい上肢・上半身の動き

写真 1-6 両肩の左右への回旋

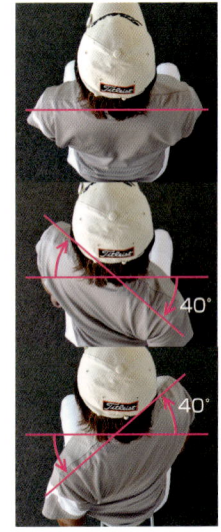

写真 1-7 胸腰部の可動範囲

　では、胸椎（12分節）と腰椎（5分節）を合わせた胸腰部全体の可動範囲はどのくらいあると思いますか？
　答えは、片側約40度です。

　このように、胸腰部全体の動きだけでは肩が90度回らないことがおわかりいただけましたか？
　では、なぜ90度回っているように見えるのでしょうか？

●なぜ肩が90度回って見えるのか？
　胸腰部の動きだけでは90度回りませんが、それに骨盤の回旋運動が加わることによって両肩を結ぶラインがさらに大きく回っているように見えるのです。
では、骨盤の回旋運動はからだのどの部位が動いているのでしょうか？
　答えは、股関節です。
　股関節の動きは第2章（p.58 股関節の内旋と外旋 参照）で詳しく説明しますが、プロや上級者のバックスイングでの骨盤の回旋は概ね45度です。

45度というのは股関節の片側の可動範囲です。骨盤が45度回旋するといっても、腰椎の回旋は片側5度しかありません。あとの40度は、左右の股関節軸の内旋・外旋によって生じます。骨盤の回旋は、腰椎で起きるのではなく、左右の股関節軸で起きているのです。

股関節の動きによる骨盤の回旋45度に、胸腰部の回旋40度を加えると、単純計算ですが85度になります。では、残りの5度はからだのどこが動いているのでしょうか？ それは、肩甲骨と鎖骨です。

肩甲骨の背骨側は骨格から離れて浮いています。骨格から浮いている左右の肩甲骨を引き離すようにスライドさせることで、両肩のラインが5度回ります。このとき、鎖骨も連動して動きます（p.22 図1-1、1-2参照）。

このように「左肩を90度回す」という言葉の真実は、胸腰部＋股関節＋肩甲骨と鎖骨の可動範囲のトータルの動きによるものなのです。

最近ではあまり見かけない練習になりましたが、椅子に座ってスイングしたりボールを打ったりする練習は、腰椎に過度の負担をかけます。よく、「ゴルフをして腰を痛めた」というのは、5度程度しか回旋しない腰椎を無理に動かそうとして腰椎に痛みを感じる場合が多いのです。そうならないために、股関節の回旋に意識を置いて、腰椎を痛めないように注意しましょう。

肩甲骨と鎖骨の動きですが、数字の上では僅か5度ですが、5度動くと動かないとではドライバーやフェアウェイウッドのような番手の大きなクラブ（長いクラブ）でのショットの距離と方向性に大きな開きがあります。肩の回転が深いとか浅いとかよく言われているのは、この肩甲骨と鎖骨のスライドの5度なのです。

写真1-8 肩甲骨がスライドした左肩90度、骨盤が45度回旋したタイガーウッズのスイング

［3］深い肩の回転が必要な理由

　一般的には肩の回転は深い方が良いとされています。その理由は、インパクトでクラブフェースがスクエアに戻りやすいからです。インパクトでクラブフェースがスクエアに戻るためには、フォワードスイング（ダウンスイング）から、クラブフェースが閉じる動きが必要です。

　肩の回転が浅いとどうしてもクラブフェースが閉じきらないで、開いた状態でインパクトしてしまうので、肩の回転は深い方が良いとされているのです。

　ただし、肩の回転が深い方が良いのはドライバーやフェアウェイウッドのような番手の大きなクラブ（長いクラブ）でのショットに当てはまることで、ピッチングウェッジや9番アイアンのようなショートアイアンと言われる番手の小さいクラブ（短いクラブ）には当てはまりません。それはどうしてでしょうか？

　理由：ゴルフクラブは長さやクラブヘッドの重心距離の違いによって慣性モーメント（回転のしにくさをあらわす物理指標）の大きさが違うからです。ドライバーやフェアウェイウッドは、クラブも長くクラブヘッドの重心距離も長いので、慣性モーメントが大きくなり（回転しにくくなり）クラブフェースが閉じにくくなります。反対にピッチングウェッジや9番アイアンは、クラブが短く重心距離も短くなっているので、慣性モーメントは小さくなり（回転しやすくなり）クラブフェースは閉じやすくなるからです。

写真 1-9　長さの異なるクラブ

　ドライバーやフェアウェイウッドのような長いクラブのバックスイングで肩の回転を深くするというのは、クラブヘッドが描く弧を大きくするための動きです。クラブヘッドが描く弧が大きくなるということは、同時にクラブヘッドが動く距離も長くなるということです。クラブヘッドの動く距離が長くなると、トップ・オブ・スイングからインパクトに向けてクラブフェースが閉じるために必要な時

写真 1-10　クラブの長さによる肩の回り方の比較（7番アイアンとドライバー）

2. 知っておきたい「腕を大きく使う」こと

間を十分に作り出すことができます。つまり肩の回転を深くするのはクラブフェースが閉じにくい番手の大きなクラブのトップ・オブ・スイングからインパクトまでのクラブフェースを閉じるための時間を作り出すための動きなのです。

「ドライバーが調子良い」とき「アイアンが悪い」とか、その反対の状況になる理由はこのためです。プロや上級者は長年の経験と感覚から、直感的にクラブの番手によって肩の回転を微妙にコントロールしているのです。

＜肩甲骨をスライドさせて手が伸びる感じをつかむ＞

写真 1-11 のように「前にならえ」の姿勢から、自分の肩甲骨をスライドさせると手が伸びるのを感じとってみよう。また、その感じでバックスイングしてみよう。

写真 1-11 肩甲骨のスライドとバックスイング時の動き

DRILL　肩甲骨と胸椎のストレッチ

肩を回しやすいように、肩の回旋に関係する肩甲骨や胸椎周辺の筋群をストレッチしてほぐしておこう。

写真 1-12 肩甲骨と胸椎のストレッチ

3 ── 知っておきたい「押す」動作

[1] クラブヘッドに「働く力」を知ろう

●インパクトのときクラブで「ボールを押す」理由

あなたはスイング中のインパクトのとき、クラブでボールを目標方向に押せていますか？ それとも肘が引けてボールをこすっていますか？

トップ・オブ・スイングからフォワードスイング（ダウンスイング）に入ると、クラブヘッドは右腰の高さでシャフトを追い越します。このような現象を「逆シナリ」と呼びます。このときクラブフェースは少しクローズ（閉じ気味）になります。

インパクトでは、ボールとクラブフェースが衝突した瞬間に、クラブヘッドと同じ力でボールがクラブフェースを押し返します。このときクラブヘッドは後方に回転してクラブフェースがオープン（開いた）状態になります。

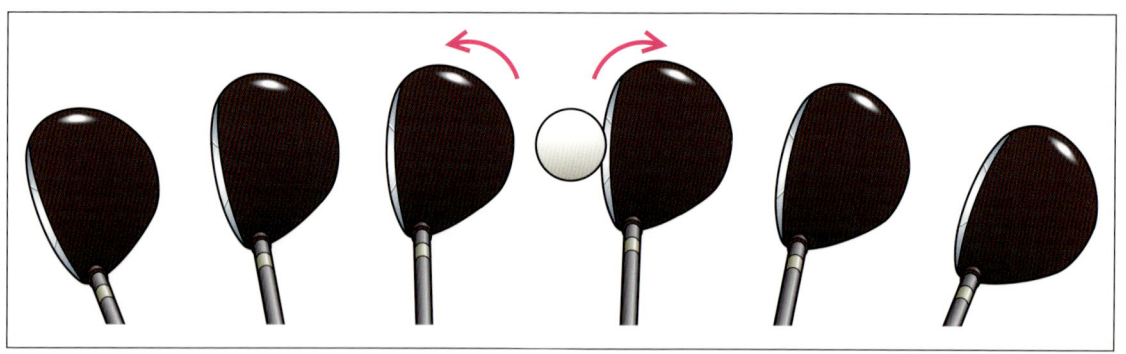

図 1-4 インパクトにおけるクラブヘッドの動き

ボールが遠くに飛んでいくのは、押し返すボールの力で後方に回転したクラブヘッドが再びボールを押し返す働きによるものです。

参考までにヘッドスピードの速いプロや上級者がXシャフトのような硬いシャフトを使用するのは、インパクトでボールに押されたクラブヘッドが後方に回転する度合いを少なくさせるためです。クラブヘッドが後方に回転する度合いを少なくさせることは、飛距離に対してはマイナスですがクラブフェースの向きは安定し方向性を高めることができます。

柔らかいシャフトは、ボールの押し返す力でクラブフェースが後方に大きく回転してオープン（開き）の度合いが大きくなり、よく飛ぶかわりに打球の方向性が悪くなります。

そこで、プロや上級者は、飛距離を伸ばすためではなく方向性を良くするために硬いシャフトを使っているのです。アマチュアの方は、プロが使っている硬いシャフトを好まれて装着していますが、もっと自分のスイング（ヘッドスピード）

に合ったシャフトを使われることをお薦めします。

　シャフトの復元力を無駄なく使うためには、ボールを押し返す力が必要になります。インパクトで「肘が引けてこする」と答えた方は飛距離が出なかったり、方向性が悪くてお悩みではないですか？
　肘が引けてこするような動作でインパクトされている方は、左腕の上腕が内旋する動きになっています。
　左腕の上腕が内旋するとクラブフェースがインパクトでオープンになりやすくなります。インパクトでクラブフェースがオープンになってしまうと、ボールに押されたクラブヘッドが後方に回転する動きに対抗して押し返せないため飛距離が出ないばかりか、ボールに右回転がかかりスライス（右方向に曲がる）ボールになってしまいます。自分自身に引く意識が無くても、飛距離の出ないスライスボールでお悩みの方は、肘が引けてこする動きになっていると思われます。

●押す動作は左上腕の外旋

　クラブを押す動作は、左腕の上腕が外旋の動きをします（写真 1-13 参照）。左上腕が外旋すると、クラブフェースがインパクトでスクエアに戻りやすく、しっかりとボールを押し返すことができます。

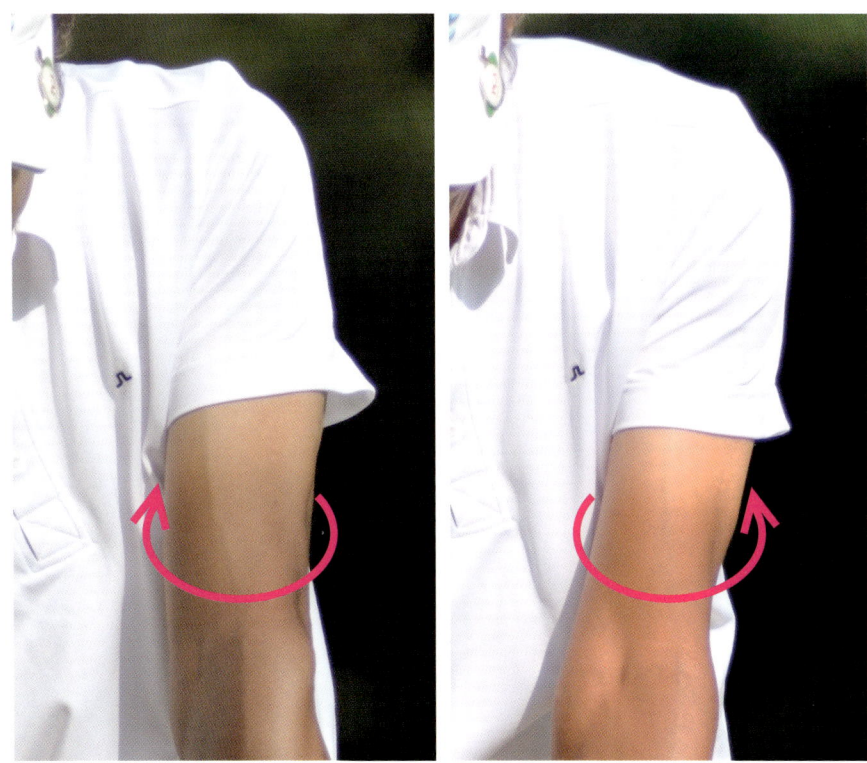

写真 1-13 左上腕の内旋（左）と外旋（右）

写真 1-14　インパクトでの左上腕の内旋と外旋の比較

　ポイント（コツ）は左手でクラブを持つとき、左腕全体を外側に回しながら手の平だけを内側に回すようにクラブを握ります（写真 1-15 参照）。そうすると予め左上腕が外旋した状態でアドレスすることができます。そのまま左上腕に外旋のテンションをかけておき、インパクトまで外旋のテンションを保つようにスイングすることが大切です。

写真 1-15　アドレスで左上腕に外旋をかける握り方

　飛距離や方向性でお悩みの方は、インパクトでボールに押されたクラブヘッドを左上腕の外旋でクラブフェースを閉じていくような感じで、ボールを押し返す動きを取り入れてみてください。

3. 知っておきたい「押す」動作

＜クラブヘッドでボールを押し返す感覚をつかもう＞

　クラブヘッドを壁や柱に当てて、インパクトの形で6〜7秒からだの回転で打球方向に押し続ける。左上腕外旋と左上腕内旋のどちらがからだの回転で打球方向に強く壁を押すことができるかを感じ取ろう。このとき、左上腕は外旋力をかけたときの方が押せることがわかると思います。

写真 1-16　左上腕外旋でボールを押す感覚をつかむ

　では、左前腕は内に回す力をかけた方が押せるでしょうか。それとも外に回す力をかけた方が押せるでしょうか？
　正解は、写真 1-17のように外に回すとき（回外）の方が押せるのです。

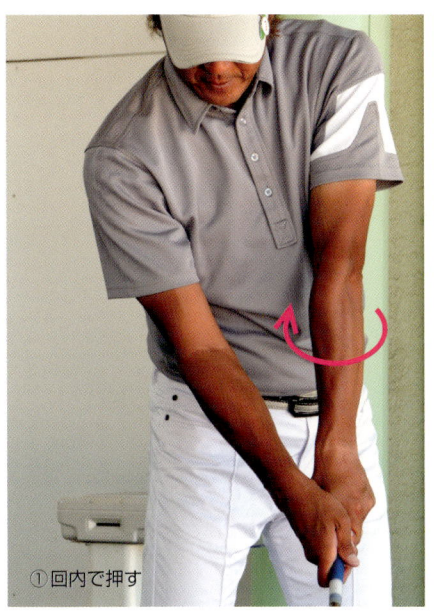 

写真 1-17　左前腕の使い方：回内（左）と回外（右）

［2］押す動作の左軸打法、引く動作の右軸打法

　押す動作と引く動作では、それぞれの動作でからだを動かしているときの軸感覚が違ってきます。この押す動作と引く動作について、ゴルフスイングとは違った動作でその軸感覚を探ってみましょう。

　皆さんは、鋸や鉋を使ったことがありますか？　経験のない方もおられるでしょうが、使った方は鋸や鉋は引いて使われたはずです。

　この鋸や鉋を欧米では押して使います。日本と欧米ではまったく逆の使い方をします。

　日本の鋸や鉋を使ったことのある方は、からだの下がる側（右側）に軸を置くと動かしやすくはなかったでしょうか？　欧米のように押して使う動きは、からだが前方に動く側（左側）に軸を置くとからだが動かしやすいと推測できます。

　このことから筆者は、**押す動作は左軸感覚、引く動作は右軸感覚**がからだの動きに適していると考えています。左軸感覚の押す動作をゴルフスイングに取り入れることで、トップ・オブ・スイングのグリップと軸との距離が大きくなります。グリップと軸との距離が大きくなることで、スイング中のクラブヘッドの描く軌道（弧）の半径も大きくなります。クラブヘッドの描く軌道の半径が大きくなれば、クラブヘッドの運動量も大きくなり、飛距離も伸びるはずです（写真1-18参照）。

写真1-18 左軸と回転半径

3．知っておきたい「押す」動作

＜左軸感覚をつかもう①──右軸・左軸感覚でいきなりショット＞

　アドレスでボールとクラブフェースを密着させ、バックスイングをしないで右軸感覚と左軸感覚でいきなりスイングしてボールを飛ばしてみよう。右軸感覚でのスイングより、左軸感覚でのスイングの方がフォロースルーの回転半径が大きくなることを体感してみよう。

①右軸感覚でスイング

　　＜アドレス＞　　　　　　＜フォロースルー＞　　　　　　＜フィニッシュ＞

②左軸感覚でスイング

写真 1-19　右軸感覚と左軸感覚でいきなりショットして比較してみる

＜左軸感覚をつかもう②──右足踏み出しショット＞

7番アイアンを使用し、インパクトの後、クラブの動きを追うようにからだの回転を止めないで右足を踏み出しながら打つことで、左軸感覚を体感してみよう。

〈テークバック〉　　〈インパクト〉　　〈フォロースルー〉　　〈フィニッシュ〉

写真 1-20　右足踏み出しショット

●余 談

　余談ですが、「タイガーウッズや有名プロのスイングを雑誌で見て、同じようにスイングをしたら右ばっかりにボールが飛んでしまう」なんて経験をした覚えはないですか？

　それは、タイガーウッズをはじめプロの使うアイアンは、過酷なコースセッテイングに対応するために、操作性を重視するように重心距離を短くしています。そのため、重心距離の短いクラブのスイングで、オーバーサイズのアイアンをスイングするとインパクトでオープンフェースになるため、右方向のボールが多くなる理由です。

　皆さんも、自分の使われているゴルフクラブをもう一度見直して、クラブに合ったスイングに取り組んでみてはいかがでしょうか？

4 ── 知っておきたい前腕の三角形

[1] 三角形とクラブフェースの関係

あなたはスイング中に、クラブフェースの向きをどうやってコントロールしていますか？
・左手ですか
・右手ですか
・手首ですか

動きのないクラブフェースは左手・右手・手首といったからだの末端の部位で容易にコントロールできますが、スイング動作に入るとからだの末端の部位でのクラブフェースのコントロールが難しくなります。それは、なぜでしょうか？

静止しているクラブの場合、ヘッドに力は働いていませんが、スイング中の動いているクラブヘッドには力が働いているため、クラブフェースの向きをコントロールするのに大きな力が必要になります。試しに、左手でクラブを持ちましょう。次に左肘をからだに密着させて左前腕の動きだけでクラブを左右に動かしてみましょう。今度は左肘をからだから離し、左腕を伸ばし左腕全体の動きでクラブを左右に動かしてみましょう（写真 1-21 参照）。

左肘密着スイング

左肘を離してスイング

写真 1-21　動かしてクラブフェースの向きを変えてみる

どうでしたか？
　左腕全体でクラブを動かした方が左前腕だけで動かしたときよりも楽だったのではないでしょうか？

写真 1-22　両腕の三角形

　スイング中の力を持つクラブフェースの向きは、その力に負けないように両腕全体でコントロールします。また、その向きは、アドレス時の両腕の形を保つことでコントロールします。
　皆さんはアドレスをしたとき、両腕の形はどのような形になっていますか？
ほとんど三角形ですよね。そのアドレスの三角形はグリップから両肩を結んだ三角形ですが、スイング中（フルショット）はトップで右肘が曲がり、フィニッシュでは左肘が曲がった形になります（写真1-22参照）。

写真 1-23　フルショット中の三角形（7番アイアン）

ですから、バックスイングからダウンスイング、フォロースルーまでずっとグリップと両肩を結んだ三角形を保ったままスイングすることはできないので、スイング動作中は、両腕前腕の三角形を保ってスイングします。両腕前腕の三角形を保つことで、スイング中のクラブフェースの向きは、常にアドレスと同じ向きを保つことが出来るのです（写真1-23参照）。

両腕前腕の三角形がイメージしにくい方は、アドレスの両肘の間隔を保つイメージでもかまいません。是非、皆さんのスイングの中に取り入れてみてください。以前よりも方向性が良くなるはずです。

写真 1-24 三角形を保ったチッピング

[2] 三角形は二つある

両腕の三角形は二つあるのを知っていますか？

どのショットも両腕前腕の三角形というわけではありません。なぜならコースはフルショットだけではラウンドできないからです。

グリーンサイドの短い距離からピンをねらうチッピング（グリーンサイドからのアプローチショット）のようなショットは、手（グリップ）から両肩までの三角形を保ちながらストロークします（写真1-24参照）。

チッピングではフルショット以上により正確にいろいろな距離を打たなければならないため、両肘の動きが入ってくると方向・距離のコントロールが難しくなります。チッピングは野球やソフトボールで近くの相手にボールをトスする動きに似ています。

正確に近くの相手にトスするときには、ほとんど肘は動かさないで肩から手までの腕全体でボールを投げますよね。逆に、フルショットは遠くの相手にボールを投げるときの動きに似ています。遠くの相手に投げるときは肘を曲げる動きを入れながら腕を動かします（写真 1-25 参照）。

写真 1-25　ほとんど肘を動かさないトス動作と肘を曲げて遠くに投げるオーバーハンドスロー

このように、両肘を曲げながらストロークするフルショットは手（グリップ）から両肘までの三角形を保ち、両肘を使わないでストロークするチッピングは手（グリップ）から両肩までの三角形を保ちながらクラブフェースをコントロールします。

[3] 三角形を保つための上腕外旋

二つの三角形を意識しながらスイングを実践する中で、三角形がうまく保てない方もおられるかもしれません。なぜ三角形がうまく保てないのでしょうか？ポイントは**両腕上腕の外旋**にあります。三角形をうまく保てない方は、形を崩さないように意識するあまり腕全体に力が入りすぎています。

「えっ？力を入れないと三角形は保てないのでは？」

そんなことはありません。腕の使い方さえ知っていれば、さほど力を入れることなく三角形を保つことができます。

三角形をうまく保てない方は、力を入れるあまりに写真 1-26 のように両腕上腕が内旋していませんか？

両腕上腕が内旋すると、肩甲骨と胸鎖関節の動きを固めてしまうため腕が上手く上がらなくなります。両腕上腕を内旋させて腕を上げようとすると、右肘を開いたり（右上腕の内旋）、左肘を開く（左上腕の内旋）といった動きになります。

トップ・オブ・スイングで右肘が開く（右上腕の内旋）とクラブフェースがシャットフェース（閉じる）になり、左方向にボールが飛び出したり（フックボー

写真 1-26　両腕上腕を内旋させた脇の空いた悪いバックスイング

ル)、それを修正しようとフォワードスイング（ダウンスイング）で必要以上に右肘を締めると右方向にボールが飛び出します（スライスボール）。

　また、トップ・オブ・スイングで左肘が開く（左上腕の内旋）とクラブフェースがオープンフェース（開く）になり、右方向にボールが飛び出したり（スライスボール）、それを修正しようとフォワードスイング（ダウンスイング）で必要以上に左肘を締めると左方向にボールが飛び出したり（フックボール）します。

　いずれにしても、トップ・オブ・スイングで右肘が開く・左肘が開くのは、上腕の内旋が原因です。トップ・オブ・スイングで左右上腕が外旋しているかどうかを是非チェックしてみましょう。

＜ボールのはさみ打ち＞

　テニスボールなどを左右前腕ではさみ、落ちないようにスイングすることで、前腕三角形のキープと、そのための上腕外旋感覚をつかむことができます。写真 1-27 のようなボールのはさみ打ちをやって上腕外旋感覚をつかみましょう。

写真 1-27　ボールのはさみ打ち

5 ── 知っておきたい「脇を締める」こと

［1］脇を締めるとは

　読者の皆さんは「脇を締めて」と言われたらどのような姿をイメージしますか？
おそらく、写真 1-28 の①のように腕をからだに密着させた姿をイメージされたのではないでしょうか？　確かに腕をからだに密着させれば腕とからだに隙間がないので、見かけは脇が締まっているように映ります。

写真 1-28　脇を締める

　しかし、この姿勢からはたして運動が可能でしょうか？　脇を締めたら動きが良くなるはずが、見かけだけで脇を締めて運動ができなければ本末転倒です。
　「脇を締める」というのは**上腕の外旋**を言います。上腕の外旋は、他のスポーツでもよく見られます（写真 1-29 参照）。

写真 1-29　「脇を締めろ」と言われるいろいろなスポーツ

　どの動きも腕とからだは離れていますが、上腕は外旋しています。ゴルフスイングでも、両腕が外旋していれば腕はからだから離れた方が動きはスムーズにな

5．知っておきたい「脇を締める」こと

やってみよう

＜肩甲帯ストレッチ＞

　上腕外旋をスムーズに行うためには、肩甲骨を含めた肩全体がよく動くことが必要です。そのため、両腕を肩の高さで左右に伸ばして内外旋させる肩甲帯ストレッチをやってみましょう。左右の手は外旋・内旋を変えてやりましょう（p.27 ドリル「肩甲骨と胸椎のストレッチ」　写真 1-12 参照）。

ります。つまり、「脇を締める」というのは、脇を締めるような感覚の動作という意味で、脇をピタッとつけると良いという意味ではないことをしっかり覚えておいてください。

[2] 近代クラブと左上腕外旋の重要性

　クラブ開発の技術の進歩とともに、クラブヘッドの大型化と長尺化によってスイング動作も変わってきました。特にドライバーの大型化と長尺化は著しく、スイング動作に大きな変化をもたらしました。

　1980～1990 年のドライバーは、パーシモン（ヘッド体積 150～170cc）やメタル（ヘッド体積 190～200cc）といったクラブヘッドが小型でクラブ全体の長さもあまり長くありませんでした。

写真 1-30　時代とともに進化するクラブ

　この時代のドライバーは、飛距離を伸ばすためにクラブフェースのローテーションを大きく使います。わかりやすく言うと、バックスイングでクラブフェースを開きフォワードスイング（ダウンスイング）からインパクトにかけてクラブフェースを閉じるようにスイングします。

　このようなスイングは、上腕を内外旋させるための大きな筋力と巧みなクラブフェースのローテーションを必要とします。そのため、飛距離を伸ばそうとクラブフェースのローテーションを大きく使うと方向性が悪くなり、方向性を良くしようとクラブフェースのローテーションを小さくすると飛距離が伸びないといったジレンマがありました。ですから、プロ・アマ問わず多くの練習時間を必要とし飛距離を出すのも容易ではありませんでした。

1995 年になると、フルチタン（チタン一体化ヘッド）が登場しました。フルチタンの登場から現在にかけて一気にクラブヘッドの大型化と長尺化が進み、現在ではヘッド体積 460cc 長さ 45.46 インチが標準スペックになりました。このようなクラブヘッドの大型化と長尺化は、パーシモンやメタルといった時代のスイングとは大きく違ってきます。現在のドライバーは、シャフトとクラブヘッドの重心距離が長いため、前にも述べたようにバックスイングでクラブフェースを開くと、インパクトでクラブフェースが開きやすくなり右方向への打球が多くなります。（p.14 クラブに対する順応性が大切 参照）

　そうならないためには、できるだけバックスイングでは開く動作を抑えてむしろ閉じ気味（シャット）にバックスイングし、フォワードスイング（ダウンスイング）でゆるやかにクラブフェースを閉じていきます。このようなスイングをするためには、左上腕の外旋がポイントになります。アドレスから左上腕に外旋のテンションをかけ、バックスイング→トップ・オブ・スイング→フォワードスイング→インパクトまで、左上腕の外旋を保つことができれば現代のクラブにマッチしたスイングになり、遠くに真っ直ぐボールを飛ばすことができます。

＜クロスハンドショット＞

　写真 1-31 のように左右の手を入れ替えて逆手（クロスハンド）に 7 番アイアンを持ち、ボールを打ってみましょう。このとき上腕が外旋していなければうまく打てません。この練習で左上腕の外旋を保つ打ち方を身につけることができます。野球選手の場合も、この練習が有効です。

写真 1-31　上腕外旋を保つクロスハンド打ち

6 ── 知っておきたい「綱押し」のこと

[1] シャフトに働くトルクについて

●トルクってなに？

　皆さんはゴルフクラブを買い求めるときに、トルクという言葉を店員さんから聞いたことがありませんか？　トルクが大きい方が合っているとか小さい方が良いとか言われたことがあると思います。トルクっていったい何なのでしょう？

　簡単に言えば、トルクとはシャフトが元の状態に戻ろうとする力です。インパクトでボールに押されたクラブヘッドは右側（後方）に回り限界に達すると元のスクエアな状態に戻ろうと左側（前方）に回ります。こうしたクラブヘッドの動きをヘッドのローテーションと言います。トルクが大きいとローテーションは大きくなり、トルクが小さいとローテーションも小さくなります（p.28 図1-4 参照）。

　プロや上級者は豊富な練習量で、トルクに頼らず繊細なクラブヘッドのローテーションを巧みにスイング動作の中で行います（写真1-32 参照）。

写真1-32　フォロースルーのヘッドローテーション

　ですから、プロや上級者はヘッドローテーションを抑えた小さいトルクのシャフトを好みます。しかし、練習量の少ないアマチュアゴルファーは、クラブヘッドのローテーションをスイング動作の中で行うのは難しく、こうしたプロや上級者が使うものと同じトルクのシャフトを使っても上手くいきません。

　トッププロの多くがトルクの小さい（low トルク）シャフトを使用しているので、トルクの小さいシャフトが良いというような風潮が一時期ありましたが、それはプロや上級者に当てはまることで、一般のアマチュアゴルファーにはトルクの大きなシャフトをお薦めします。

　いずれにしても、トルクというのはボールを遠くに飛ばすためには必要なものであるということにかわりありません。

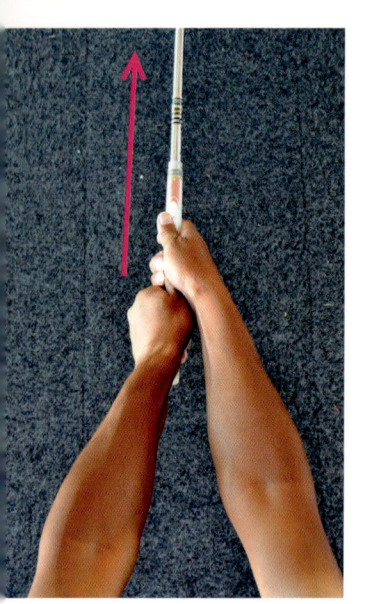

写真 1-33 力の働く向き（シャフト方向）に真っ直ぐの力を加える

●トルクを上手く利用するには

では、このようなシャフトが元に戻ろうとする力を最大限に引き出すにはどうスイングすればよいのでしょうか？

一般のアマチュアゴルファーはクラブヘッドのローテーションを上手く行えないばかりか、クラブヘッドを右側（後方）に回しながらスイングしています。そのためシャフトには右回りの力が働いています。シャフトに右回りの力を加えながらスイングすると、クラブヘッドはインパクトでボールに押された右側（後方）に回る方向と同じ向きに動きます。クラブヘッドがインパクトでボールに押された右側（後方）に回る方向と同じ向きに動いたのでは、シャフトが元のスクエアな状態に戻ろうとする力を使えません。そのため、クラブフェースは右を向いた（開いた）状態になりボールがスライス（右方向に曲がる）し、十分にボールにクラブヘッドの力を伝えられないため飛距離が出なくなるのです。そうならないためには、シャフトに右方向の力を加えるのではなくシャフト方向（グリップからクラブヘッド方向）に真っ直ぐな力を加えれば、シャフトのトルクを最大限に引き出せるのではないかという仮説を立てました（写真 1-33 参照）

[2] シャフトに真っ直ぐの力を加える「綱押し」
〜両腕の上腕外旋・前腕回外〜

では、どのような動きをすればシャフト方向（グリップからクラブヘッド方向）に真っ直ぐな力を加えることができるのでしょうか？

筆者は、シャフトに真っ直ぐの力を加えるためにはどのような動きをすればよいのか試行錯誤を繰り返すうちに、ある動作に辿り着きました。それは「綱押し」という動作です。「綱押し」とは、右縒りでよられた綱を雑巾を絞るような感じで真っ直ぐに伸ばすような動きです。絞り方のポイントは、両腕の上腕外旋・前腕回外の動きで絞ることです（写真 1-34 参照）。

綱でなくても結構ですので、タオルや雑巾などを使って実際に両腕を内側に回しながら絞ったり、外側に回しながら絞ってみましょう（写真 1-34 参照）。両腕を内側に回しながら絞るのと、外側に回しながら絞るのではタオルや雑巾の伸び方が違いませんか？　腕全体を外側に回すように絞った方が、タオルや雑巾は真っ直ぐに伸びたのではないでしょうか（このとき手首だけを使って絞らないように注意してください）。

このようなタオルや雑巾が真っ直ぐに伸びるように、腕全体を外側に回すように絞る動きを「綱押し」と名付けました。名付け親は、五体治療院代表の小山田良治氏ですが、このような「綱押し」の動作は、競輪のハンドルを持つ動きでも取り入れているそうです。

野球のバッテイングや剣道の竹刀の操作でも、インパクトの時に「雑巾を絞るように」とよく言われていますが、絞り方にポイントがあるように思います。

6．知っておきたい「綱押し」のこと

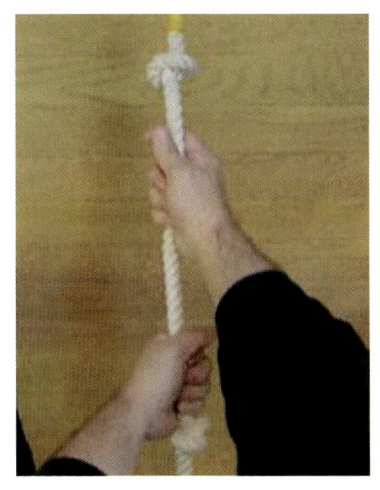

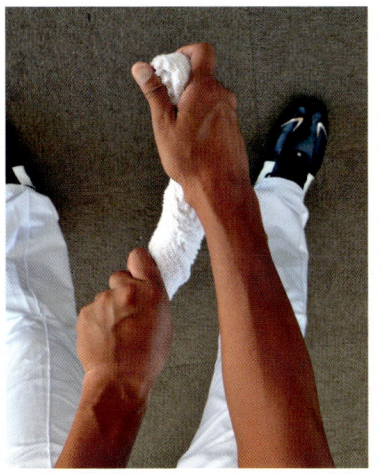

綱を絞るように伸ばす　　　　　　上腕内旋・前腕回内で絞る　　　　　　上腕外旋・前腕回外で絞る

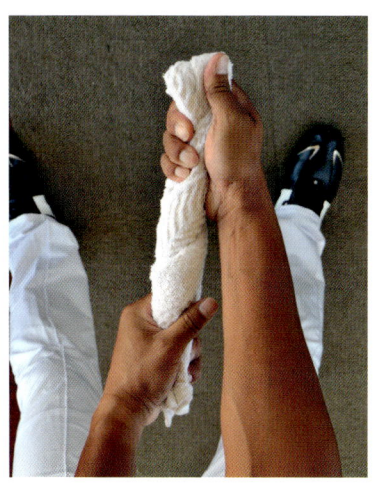

写真 1-34 右縒りの綱とタオルの絞り方

COLUMN

＜コラム：「綱押し」と剣道の「茶巾しぼり」＞

　「綱押し」をはじめてお読みになった方は、その動きをイメージしにくいかもしれませんが、剣道では「茶巾しぼり」の教えとして伝わっています

　剣道で、竹刀を頭上から振り下ろすとき、両腕をどのように操作すると思いますか。両腕を内側にしぼるようにと習ったかもしれません。しかし、これは誤解された動きなのです。ゴルフに例えれば、剣道の振りかぶりはバックスイング、振り下ろしはダウンスイングに相当します。剣道では、竹刀を頭上から振り下ろすときの腕の操作を「茶巾しぼり」と言います。昔の武士の多くは茶道をたしなんでいましたので、身近な茶道の動作である「茶巾しぼり」に例えたのでしょう。しかし、現在では、茶道を実践する剣道家は少なく「茶巾しぼり」の「しぼり」という言葉のイメージが先行し、腕全体を内側にしぼると誤解されてしまったのです。

　「茶巾しぼり」とは、茶巾を指ではさみ、左右の手が離れるように多少腕全体を外側に回旋させる動きです。本来の剣道の振り下ろし動作は、両肘が近づくように上腕を外側に回旋させるのです。この動きを、上腕の外旋と言います。

　さらに、剣道の振り下ろし動作には「右は押し手、左は引き手」という教えがあります。「茶巾しぼり」の左右の手が離れようとする力の方向を明確に表現しています。実際には、竹刀を保持していますから、左手を引く動きは現れませんが、左右の手が離れるように右手で竹刀の先端（剣先）方向に力を伝える感覚なのです。浜田プロが提唱している「綱押し」の動作感覚と全く同じです。

　浜田プロとお話していると剣道の教えと共通する事柄が多く出てきます。ダウンスイングでの「綱押し」もその一つです。日本の伝統的身体運動文化である剣道の教えが、ゴルフの最新技術に応用できるとは、こんなに愉快なことはありません。

（木寺 英史）

＜腕全体を外側に回す綱押し＞

タオルを使って、右縒りでよられた綱を回外で雑巾を絞るように真っ直ぐに伸ばしてみよう。それができたらタオルをクラブに持ち替えて同じ動作をしてみよう。

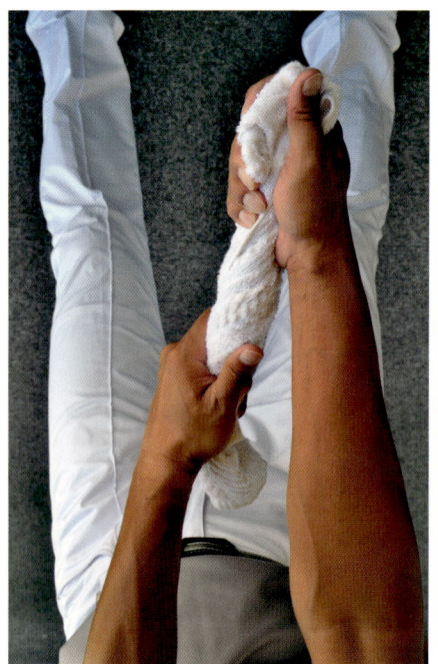

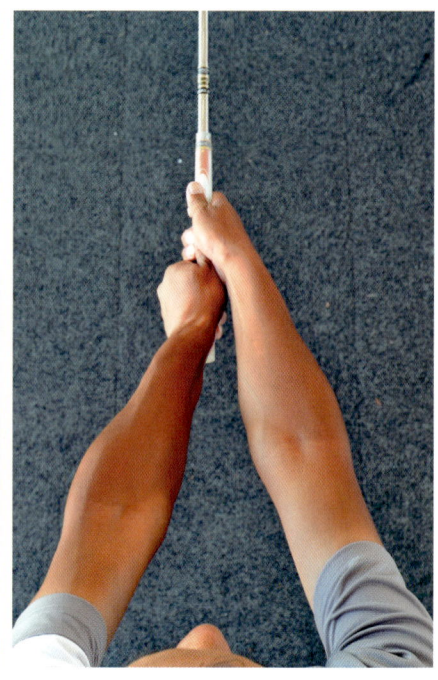

写真 1-35　タオルとクラブでの綱押し

DRILL　綱押しショットの練習

綱押し状態でクラブを持ち、クォータースイング→ハーフスイングと段階的にスイングの振り幅を大きくする練習をしてみよう。

写真 1-36　綱押し状態でのスイング練習

7 ── 知っておきたい「力感」のこと

[1] ヘッドスピードを上げるにはテンポをゆっくり

　情報量の多さで、国内外のトッププロのスイングを客観的に見る機会が多くなりました。しかし、私たち見る側がプロのスイング動作を誤った認識でとらえている場合が多々あります。特に、スイングにおける力感とテンポは、メディアを通して見る私たちが誤解しやすいものの一つではないでしょうか。

　テレビ放送では、インパクトの音を集音マイクで拾うため、それを見る私たちは選手が渾身の力でスイングしているように見えます。しかし、試合会場で実際のスイングを目の当たりにすると、ゆっくりとしたテンポで軽くスイングしているように見えます。

　筆者自身、2010年シニアツアーにデビューし、2010年日本プロゴルフシニア選手権笠間東洋カップに参戦しました。ドライビングレンジでは、中島常幸プロ、倉本昌弘プロ、尾崎建夫プロ、そして大会優勝者の加瀬秀樹プロといったトッププロに混じって打球練習する機会がありました。本書の執筆を手掛けていた時でもあり、自分の練習よりもトッププロのスイングをじっくり観察させてもらいました。

　トッププロは、力感のないゆっくりしたテンポのドライバースイングでボールを遠くに飛ばしていました。トッププロは、なぜこうした力感を感じさせないゆっくりとしたテンポのスイングでボールを遠くに飛ばせるのでしょうか。

　それを知るには、遠くへ飛ばすために必要なヘッドスピードを、インパクトで最大にする「からだの使い方」を知ることが必要です。近年はクラブの軽量化と長尺化で、インパクトで最大速度にするには、ある要素（コツ）が必要になってきました。読者の皆さんは何が必要だと思いますか？

　答えは、時間（助走距離）です。

　わかりやすく言うと、走り幅跳びや走り高跳びで必要な助走みたいなものです。ゴルフスイングでは、ダウンスイングからインパクトまでのクラブヘッドの動く距離になります。

　「えっ？　時間（助走距離）は短い方が良いのでは？」

　確かに時間（助走距離）が短い方が、見た目には速くスイングしているように見えるかもしれません。ですが、先ほど述べたようにボールを遠くに飛ばすためには、インパクトでヘッドスピードが最大速度になることが重要です。そのためには、ダウンスイングからインパクトまでヘッドを加速するための時間（助走距離）を作ることがポイントになります。

　加速する時間（助走距離）を作るには、ダウンスイングで骨盤（股関節）の回

旋運動→肩→肘→手首→クラブといった順序でからだが動いていくことが重要です。腕の動きだけでダウンスイングすると、骨盤（股関節）の回旋運動と肩の動きが省かれているため、トップ・オブ・スイングからインパクトまでの時間（助走距離）が短くなります。時間（助走距離）が短くなると、ヘッドスピードが最大速度に達する前にインパクトしてしまいます。

トッププロがゆっくりしたテンポで軽くスイングしているように見えるのは、骨盤（股関節）の回旋運動→肩→肘→手首→クラブといった順序がしっかりと守られているからなのです。

しかし、近年のクラブの軽量化と長尺化によってヘッドスピードがインパクトで最大速度になるために必要な、加速するための時間（助走距離）がとりづらくなってきました。

それは、ドライバーの長さがパーシモンやメタルの時代（42.5インチ）と比べて、現代のフルチタン（45〜46インチ）の方が大幅に長くなってきたからです。クラブの長さが違ってくると、ヘッドスピードがインパクトで最大速度になるためには、ダウンスイングからインパクトまでの動きが違ってきます。

短い42.5インチのドライバーは、ダウンスイングからインパクトで肘・手首といった関節をフルに使って、短い時間（助走距離）でクラブを加速させてインパクトのヘッドスピードを最大速度にします。

しかし、長い45〜46インチのドライバーでは、ダウンスイングからインパクト

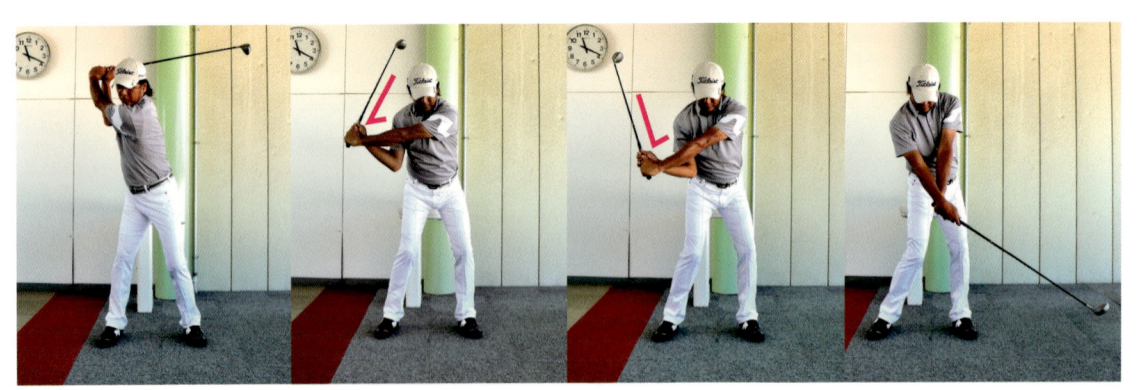

短いドライバー

長いドライバー

写真1-37　短いドライバーと長いドライバーのスイング比較

7. 知っておきたい「力感」のこと

で肘・手首といった関節の動きを抑えて、長い時間（助走距離）をかけて徐々にクラブを加速させ、インパクトのヘッドスピードを最大速度にします（写真 1-37 参照）。

このように長いドライバーと短いドライバーのスイングの違いは、アイアンとドライバーの打ち方にも同じことが言えます。短いドライバーや 7 番アイアンは、ダウンスイングの左腕とクラブシャフトの角度がきつくなり、逆に長いドライバーではゆるやかになります（写真 1-37、38 参照）。

長いドライバー

7番アイアン

写真 1-38　長いドライバーと 7 番アイアンのスイング比較

近年クラブの軽量化によって、腕の動きだけでダウンスイングしてしまうゴルファーが多くなりました。ダウンスイングを腕の動きだけで行うと、クラブヘッドがインパクトで最大速度になるために必要な加速するための時間（助走距離）が不足し、遠くにボールを飛ばすショットは打てません。

そこで、骨盤（股関節）の回旋運動→肩→肘→手首→クラブといった順序が守られたスイング感覚をつかむ練習ドリルを二つ紹介します。次ページのドリルを実践してそのスイング感覚をつかんで下さい。

DRILL　クラブを2〜3本持っての素振り練習

ヘッドの重いショートアイアンを2〜3本まとめて持って、重さにまかせて素振りをしましょう。野球のバットで同様に素振りをしてみましょう。この素振りで、骨盤（股関節）の回旋運動→肩→肘→手首→クラブといった動きの順序が守られたスイング感覚をつかむことができるはずです。

アイアン3本で素振り

野球のバットで素振り

写真 1-39　順序が守られたスイング感覚をつかむ練習

DRILL　スイングの途中で右手を離しながらの素振りや打球練習

7番アイアンを用いて、スイング途中に右手を離すことによってクラブが加速していく感覚を覚えましょう。野球のバットでも同様の練習をしてみましょう。

写真 1-40　7番アイアンでの素振り

COLUMN

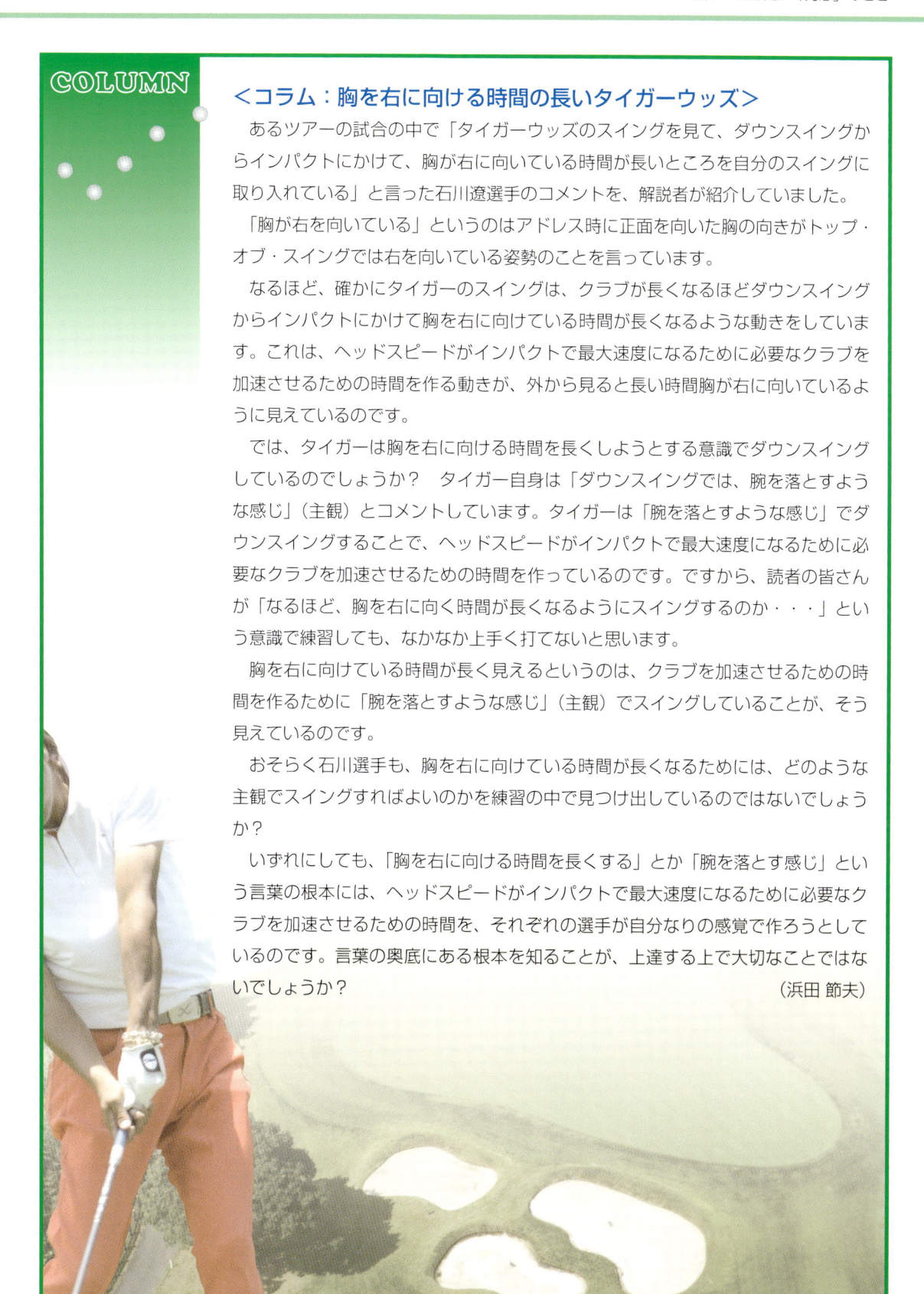

＜コラム：胸を右に向ける時間の長いタイガーウッズ＞

あるツアーの試合の中で「タイガーウッズのスイングを見て、ダウンスイングからインパクトにかけて、胸が右に向いている時間が長いところを自分のスイングに取り入れている」と言った石川遼選手のコメントを、解説者が紹介していました。

「胸が右を向いている」というのはアドレス時に正面を向いた胸の向きがトップ・オブ・スイングでは右を向いている姿勢のことを言っています。

なるほど、確かにタイガーのスイングは、クラブが長くなるほどダウンスイングからインパクトにかけて胸を右に向けている時間が長くなるような動きをしています。これは、ヘッドスピードがインパクトで最大速度になるために必要なクラブを加速させるための時間を作る動きが、外から見ると長い時間胸が右に向いているように見えているのです。

では、タイガーは胸を右に向ける時間を長くしようとする意識でダウンスイングしているのでしょうか？ タイガー自身は「ダウンスイングでは、腕を落とすような感じ」（主観）とコメントしています。タイガーは「腕を落とすような感じ」でダウンスイングすることで、ヘッドスピードがインパクトで最大速度になるために必要なクラブを加速させるための時間を作っているのです。ですから、読者の皆さんが「なるほど、胸を右に向く時間が長くなるようにスイングするのか・・・」という意識で練習しても、なかなか上手く打てないと思います。

胸を右に向けている時間が長く見えるというのは、クラブを加速させるための時間を作るために「腕を落とすような感じ」（主観）でスイングしていることが、そう見えているのです。

おそらく石川選手も、胸を右に向けている時間が長くなるためには、どのような主観でスイングすればよいのかを練習の中で見つけ出しているのではないでしょうか？

いずれにしても、「胸を右に向ける時間を長くする」とか「腕を落とす感じ」という言葉の根本には、ヘッドスピードがインパクトで最大速度になるために必要なクラブを加速させるための時間を、それぞれの選手が自分なりの感覚で作ろうとしているのです。言葉の奥底にある根本を知ることが、上達する上で大切なことではないでしょうか？

（浜田 節夫）

[2] スイングで大切な「タメ」とは

　ゴルフスイングでは、「ダウンスイングで『タメ』をきかせて…」といった、「タメ」と呼ばれる言葉が頻繁に使われます。また「タメ」を強調した写真による解説が多くあり、右肘を体幹に引き付けるような動き（写真 1-41）を「タメ」と誤解しているゴルファーが多いのに驚かされます。

写真 1-41 誤解された「タメ」

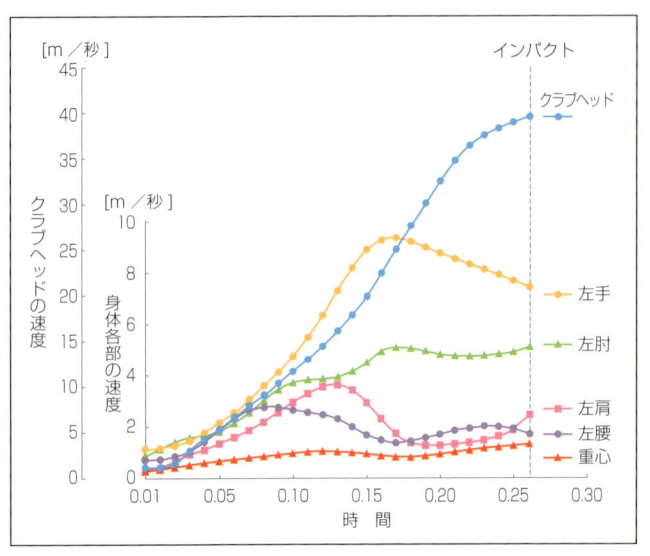

図 1-5 スイング中の速度の伝達

ダウンスイングからインパクトにかけてのクラブヘッド、左肘、左肩、左腰および重心の速度変化。クラブヘッドだけは縦軸のスケールが縮めてある。腰、肩、手首、クラブヘッドの順に速度のピークが現れる。（出典：池上久子「ゴルフを科学する」今の研究、「体力科学」第 49 巻 1 号、2000 年）

　では、この「タメ」とはいったい何なのでしょうか？ ダウンスイングは、腰→肩→肘→手首→クラブへと筋肉の大きい部位から小さい部位という順序でからだが動き、同じ順序で速さが伝わっていきます。「タメ」とは、こうしたからだの**動きの順序と速さの伝達**が「タメ」と呼ばれるもので、右肘を体幹に引き付けるような一部分の形ではありません。

　こうした動きの順序と速さの伝達（「タメ」）は、他のスポーツの良いとされる動きにも見られます（写真 1-42）。

　このような動きの順序と速さの伝達（「タメ」）は、カナヅチで釘を打ち込む動きでも体感できます。カナヅチを振り上げた位置から釘に向けて振り下ろすときに、皆さんはからだのどの部位から動いていると感じますか？ 肩からではないでしょうか？ 次第に肘→手首→カナヅチという順序で動いているはずです。

写真 1-42 「タメ」が大切な砲丸投げ

写真 1-43 カナヅチで打つ動作

こんどは、カナヅチを勢いよく振り下ろしてみましょう。勢いよく振り下ろすときに皆さんは力を入れましたか？　それとも抜きましたか？　感じ方に個人差はありますが、動き始めに力を抜いていくとカナヅチを勢いよく振り下ろせませんでしたか？

最初に動く肩の力を抜いていくことで肘→手首→カナヅチという順序で速さが伝わり、勢いよくカナヅチが振り下ろされます。そのとき、カナヅチを振り上げたときに曲がっていた肘と手首はどのような動きをしたでしょうか？

肘と手首の関節が徐々に伸びていくような動きではなかったでしょうか？　この動きは、ゴルフスイングのダウンスイングからインパクトにかけて見られる動きと同じです。

プロの多くは、このように肘と手首の関節が徐々に伸びていくような動きを「ほどく」という言葉で表現します。肘→手首を「ほどく」ことによって速さが伝わり、結果的に「タメ」と呼ばれる動きになるのです（写真 1-44 参照）。

ゴルファーの中には、雑誌などのスイング写真を見てダウンスイングで右肘を体幹に引き付けるような力強く見える動きを「タメ」と誤解している人が多くいます。アマチュアゴルファーはなぜか動きに力強さを求める傾向があるように感じます。トッププロはスイング中、右肘を体幹に引き付けるような動きはかえってクラブヘッドの勢いを止めてしまうことを経験の中で知っています。

クラブヘッドを勢いよく動かすためには、むしろ「ほどく」感覚の方が重要であることを感じ取ってみてはどうでしょうか？　そうすることで、腰→肩→肘→手首→クラブという順序で伝わった速さが、インパクトで最大速度になります。

ボールを遠くに飛ばすためには、インパクトで力が大きくならなければいけません。力の大きさはクラブヘッドの速度に比例し、速度が速くなればなるほどインパクトの力も大きくなります。

飛距離が出ないとお悩みのゴルファーは「タメ」の意味を理解し、「ほどく」感覚で今まで以上の飛距離を手に入れてください。

写真 1-44　7番アイアンで「ほどく」動きの感覚をつかむ練習

[3] 知っておきたいヘッドアップと
　　 ヘッドスピードの関係

　「ヘッドアップ」とは、スイング中に頭が起き上がってしまう動きを指し、この動きはゴルフスイングにおいては良くない動きの一つと言われています。ゴルフ経験者なら「頭を上げるな」と一度は言われたことがあるのではないでしょうか？

　「ヘッドスピード」とは、インパクト時のクラブヘッドの瞬間の速度を指し、45m/s（毎秒45メートル）というように数値化されます。

　この「ヘッドアップ」と「ヘッドスピード」には深いかかわりがあることを知っていますか？

　トッププロのスイングを見ると、どの選手も「ヘッドアップ」しないでインパクトしています。だからといって、トッププロは「ヘッドアップ」しないように意識してスイングしているわけではありません。トッププロは、インパクトで「ヘッドスピード」が最大速度になることに意識をおいてスイングしているのです。

　実は、インパクトで「ヘッドアップ」していないように見えるのは、頭が上がるよりも早くクラブヘッドが動いているため「ヘッドアップ」していないように見えるのです。

　ですから、アマチュアゴルファーが「ヘッドアップ」しないように見かけの形だけを真似ようとしてもなかなか上達しません。大切なのは、インパクトで「ヘッドスピード」が最大速度になるための動き（腰→肩→肘→手首→クラブの動きの順序と速さの伝達）を学び、頭が上がるよりも早くクラブヘッドを速く走らせることが結果として「ヘッドアップ」しないインパクトを実現できることを知っておく必要があるのです。

> 頭を上げない意識から、クラブヘッドを速く走らせる意識でスイングしよう。

写真1-45　クラブヘッドを速く走らせる意識でスイングする

第2章 GOLF

知っておきたい
下肢・下半身の動き

　ゴルフは、他のスポーツと比べて雑誌や指導書などの情報量の多いスポーツです。アマチュアの中には、あらゆるゴルフ雑誌や指導書を読破し、様々な理論を頭の中に詰め込んで練習されている方が多くいます。結果、理論と動きがうまく噛み合わず、理想のスイングに程遠い動きになっている人がいます。読んで勉強すること自体はすばらしいことですが、書いてあることを正しく理解するためには正しい知識が必要です。

　例えば、「腰を回す」と書かれていることを実践するためには、腰が回るためにはどの関節が働いているのかを知ることが大切です。また、ゴルフスイングにおいて「体重（重心）移動」という表現は実際にはどのような動きなのかということも、理解が必要です。この章では、正しい下肢・下半身の動きを知っていただき、その動きを皆さんのスイングに是非取り入れていただきたいと思います。

第2章　知っておきたい下肢・下半身の動き

1 ── 腰が回るとはどこが動くのか？

[1] 腰椎は回らない

●腰はどこ？

　ゴルフのスイング動作は、腰を回します。腰とはどこでしょう。腰に手を当ててみてください。多くの人は、骨盤に手を当てたことと思います。腰とは、骨格で言うと、骨盤です。

　ゴルファーの腰から、皮膚と筋肉をはがしてみましょう。骨（骨格）がむき出しになって現れます。

　左右の骨盤をチョウの羽に例えると、羽の部分は、寛骨と言います。左右の羽（寛骨）を中心で束ねている胴体に相当する部分は何と言うでしょうか。

　答えは、腰椎です。

　図 2-1 のように背骨は、三つの呼び名があります。腰の部分の椎骨は 5 つあって、腰椎と呼びます。腰椎の上に 12 個の胸椎があり、その上に 7 個の頸椎があります。腰の解剖構造を、図 2-2 に示しました。

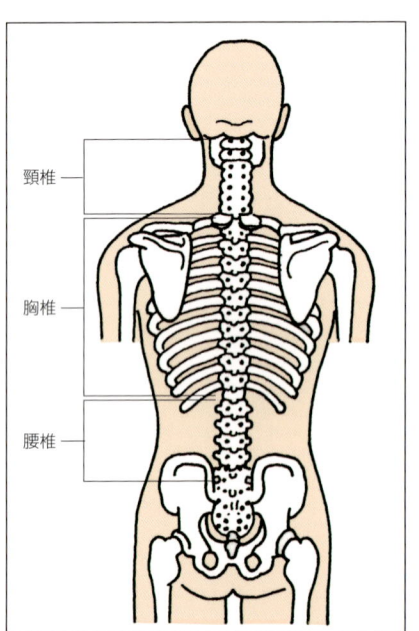

図 2-1　背骨（脊椎）の構造

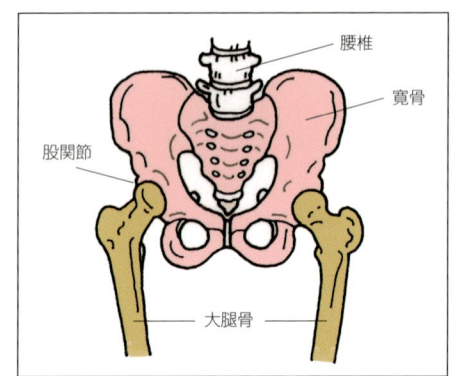

図 2-2　腰の解剖図

●腰の回転とは

　腰の解剖構造がご理解いただけたところで、腰の回転について考えてみます。回転椅子に座ってみてください。からだを動かして、からだで感じてみてください。

　両足で回転椅子が回らないように固定して、前を向いて頭を固定したまま、ゴルフのスイング動作をしてみます。腰が回らないので、大変窮屈な感じになりますね。このとき、胴体が背骨を軸にして回転しますが、胴体（体幹）の回転をもたらしているのは、胸椎です。腰椎は回っていません。

それでは、回転椅子を回転させてスイングしてみましょう。回転椅子の回転と同時に、骨盤が回転します。これで楽にバックスイングも、フォワードスイングもできるようになりました。このとき、回転椅子の軸が回っているのですから、骨盤の軸である腰椎も回転していると思う方が多いと思います。

　実は、腰椎には回転の許容量がほとんどなく、左右にそれぞれ5度程度しか回りません（p.25参照）。では、なぜ骨盤が回るのでしょうか。

　骨盤が回る軸は、左右のお尻の骨盤と大腿骨が接続する関節にあります。股関節という軸です。したがって左右に二つ、骨盤回転の軸があります。

　例えば、ヒトの骨盤が右に回るのは、大腿骨を動かさなければ、右の股関節が内旋し（大腿骨に向かって骨盤が内にしまって角度が閉じていく）、左の股関節が外旋するからです（大腿骨から骨盤が離れて角度が開いていく）。左右の股関節が内・外旋するから、骨盤が回るのです（図2-3）。

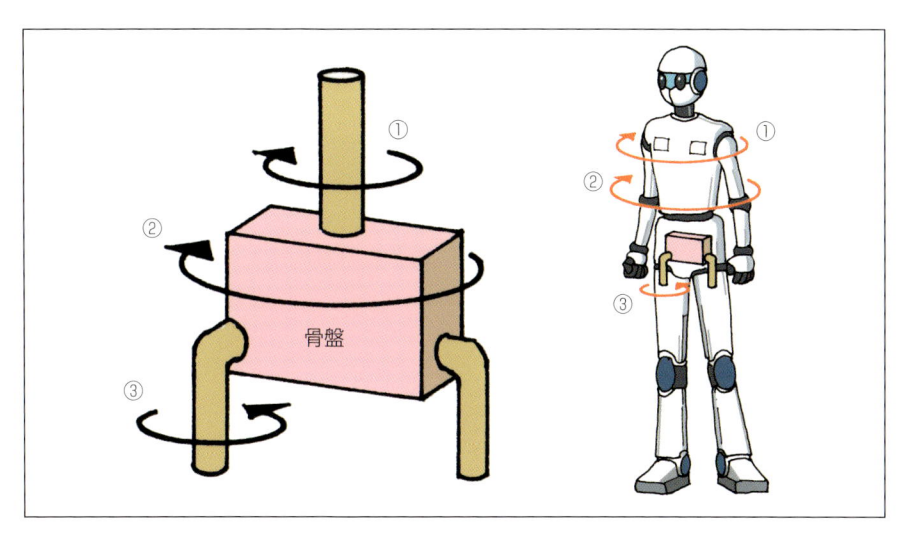

図 2-3　骨盤が右に回るとき右の股関節は内旋する

　本書は、左重心のスイングを推奨しています。左重心という感覚的な表現をしているその理由の一つに、骨盤はその中心の腰椎では回らずに、左右の股関節で回る、ということがあります。著者の浜田は、左右にある股関節の感覚を研ぎ澄ましていくところから、左股関節軸の感覚を生かす左重心のスイング感覚の威力を見つけ出しました。

　左右軸の感覚。そしてそこから発展した左軸の感覚。これらは、我々の身体にひそむ中心感覚に覆われて、見えにくくなっています。四足から後肢二足で立ちあがった人間は、左右の足の真ん中に重心を置いておかないと倒れてしまうという宿命を負いました。暗黙的に、自分の真ん中を感じる感覚を感じるようになっていきました。

　しかし、骨盤を回す実働部隊は、左右の股関節軸です。中心が先にあるように思うかもしれませんが、左右があるからこそ、中心があるのです。中心感覚の水面下から顔を上げて、右と左の感覚の世界に出てみると、見えてくる世界が変わります。動作の仕方の説明も変わってきます。

[2] 股関節の内旋と外旋

●股関節ってどこ？

　腰（骨盤）の回転は股関節の内・外旋によって生じることがわかりました。では、股関節の位置を人差し指で指してください、と言われたら、あなたは、どこを指しますか？

股関節ってどこか知っていますか？

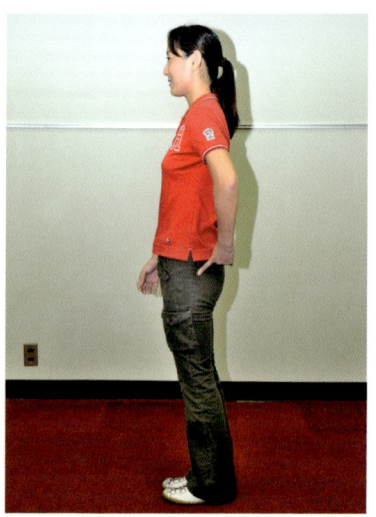

写真 2-1　股関節ってどこ

　ほとんどの人が左右の足の付け根を指差すと思います。正しい位置は、お尻の真横にあります。気を付けの姿勢をしたときに、両手のひらがお尻に触れますが、手のひらのほぼ真ん中あたりにぐりぐりとしたでっぱりを感じます。このでっぱりの奥に、股関節があります（写真 2-1 右）。

　大事なことは、脚の付け根の鼠蹊部に股関節があるのではなく、体の横側（体側）のお尻の中に股関節がある、ということです。英語で股関節のことを何と言うでしょうか。（　　　）joint と言います。

　（　　）の中は、hip が入ります。ヒップの関節、つまりお尻の中に埋もれている関節です。

　大腿骨は骨盤にどのようにはまっているのでしょうか？　図 2-4 の①と②の二つの絵のうち正解はどちらでしょう？

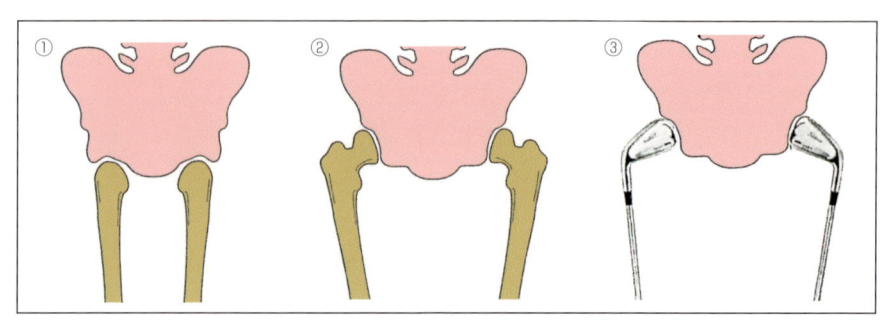

図 2-4　骨盤と大腿骨の模式図

正解は②です。①のように、骨盤に対して、太ももの骨（大腿骨）が真下からはまっている、と思っている人が非常に多いようです。大腿骨の付け根にはネックがあって、股関節のソケットに向かって斜め横向きにはまっています。レントゲン写真で確認してください（写真 2-2）。ちょうど、ゴルフのアイアンが骨盤にはまって接続されているイメージです（図 2-4-③）。

気を付けをしたときに、手のひらのほぼ真ん中あたりにぐりぐりと感じるでっぱりが大転子(だいてんし)です。その奥に、股関節があります。図 2-5 のように、股関節を外旋・内旋 させると、大転子がぐりぐりと動くのでよくわかります。膝頭(ひざがしら)を外に向けるのが股関節の外旋、内に向けるのが内旋 です。

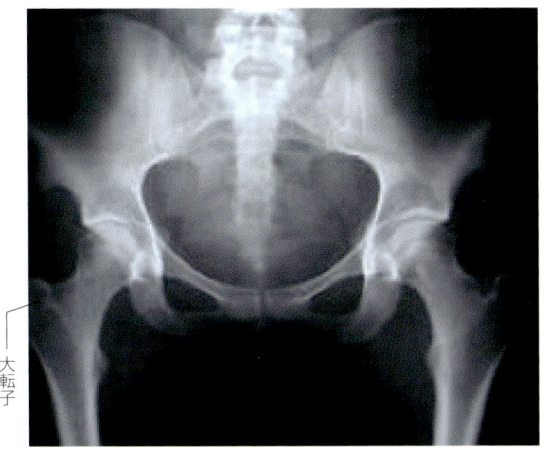

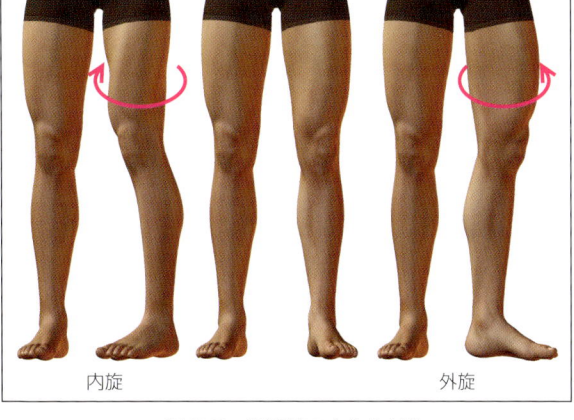

写真 2-2　骨盤のレントゲン写真

図 2-5　股関節の内旋と外旋

●股関節のニュートラルポジション

肩幅に両足を開いて立って、股関節を内旋 してみてください。つま先と膝を内側に向けた状態です（図 2-5 参照）。この状態で、腰を回してみてください。では次に、股関節を外旋させて立ってください。つま先と膝を外に向けて立った状態です。

この外旋位の状態で腰を回してみましょう。

内旋位と外旋位のどちらが腰を回しやすいでしょうか。外旋位の方が楽に、スムースに腰が回ることが感じられたと思います。内旋位で立つと、股関節が閉まって、腰の回転が窮屈に感じられると思います。内旋位で立つと、股関節周辺の筋肉が緊張状態になって、外旋、内旋 の運動がスムーズに行えなくなり、力感を伴い、腰の回転の可動範囲も狭まります。

肩幅か、やや肩幅よりワイドに立った場合、膝頭はすこし外を向くのが本来の自然体ポジションです。やや外旋位で立ったときに、股関節周辺の筋群が緩んでいる状態の人は、ゴルフスイングの腰の回転がスムーズに行いやすいからだを持っていると言えます。

何も意識しないで自然体として、股関節が外旋位になるポジションを、股関節のニュートラルポジションと言います。ゴルフのスタンスで立ったときに、あなたの股関節のニュートラルポジションはどうなっているでしょうか。

COLUMN

＜コラム：爬虫類のように芝目を読む＞

　脚が骨盤に対して横からはまっているとは、なんだかトカゲやワニみたいと思う人がいるかもしれません。人類も進化の過程で、四つ足で歩いていた時代があって、そのときに、ワニのように太ももの骨が、胴体に横からはまっていた名残が、いまでも、大腿骨の形に残っていると考えられています。

　股関節を感じていると、時間を超えて、なんだか自分がその時代にいたような気もしてきます。爬虫類の時代と言われているのは、恐竜の時代と言われている中生代。いまから、約2億5000万年前～約6500万年前の時代です。恐竜がいた時代に、将来人類になる動物がいたということを知っておくことは、優秀なゴルファーになることと同じくらい価値のあることかもしれません。現在の人類はその時代にはいませんでしたが、将来人類に進化した生物は確実にいたのです。そのときから人類はいた、と言えるかもしれません。

　なんだかゾクゾクしてくる話です。ぞくぞくするのは、われわれのなかで、その先祖の血が騒ぐからでしょう。今の時代に生きているわれわれは、恐竜の時代も、もっとその前も含めて、地球の進化の歴史を背負っています。地球の進化、人類の進化の最先端に、あなたも私もいるのです。

　プロゴルファーの石川遼選手が、爬虫類が這うようなポーズをとってグリーンの傾斜や芝目を読んだことがあります。その元祖はカミロ・ビジェイガスという米ツアーで活躍している選手で、遼君は一時的に彼の真似をしていました。爬虫類の先祖の血が騒いだのかもしれません。

　　　　　　　　　　　　　　　　　　　　　　　　　　　　　　　（小田伸午）

トカゲの骨格

ワニの骨格

ゴルフ場にリョウサウルスを出現させた元祖カミロ・ビジェイガス。サウルス（saurus）とはギリシャ語でトカゲのこと。

●膝下外旋

図2-6を見てください。これは、足首を曲げたときに親指側が上に反る場合（①）と、小指側が上に反る場合（②）を示したものです。足の内側である親指側が上に反る場合を内反と言います。足の外側である小指側が上に反る場合を外反と言います。

あなたも足首を曲げてみてください。内反かまっすぐ曲がる癖を持っている人はOKです。小指側が上に反る外反の癖を持っている人は、膝を少し曲げたアドレスの構えの姿勢をとったときに、膝頭が内に入る股関節内旋のポジションを取りやすくなっています（写真2-3）。

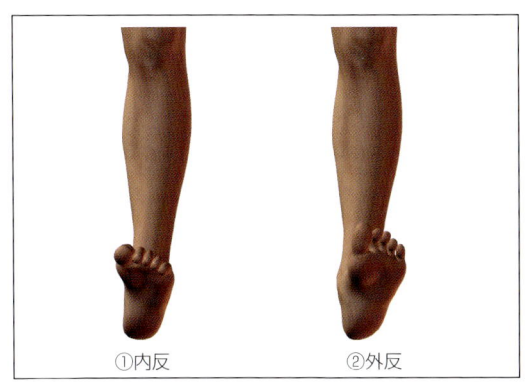

図 2-6　足の内反と外反　　　　　写真 2-3　膝頭が内に入る股関節内旋

皆さんが無意識に椅子に座ったときに、膝頭の向きと足先の向きが同じ方向に向いているかどうかを確認してみてください。両脚を骨盤幅くらいにやや開いて足先をまっすぐ前に向けたときに、膝頭もまっすぐ前に向いていればＯＫです。今度は、その状態から片足を30度くらいずつ開いてみましょう（両足開脚角度が60度くらい）。そのとき、足先が外を向いていると思いますが、膝頭も足先の向きにそろって同じ角度を向いていればＯＫです。

足先の向きより膝頭の向きが内を向いていたら、あなたの足は、膝下外旋（knee-in,toe-out）の脚と言えます。何も意識しないで脚を左右に開いて座ったときに、膝と足先の向きがどうなっているかを確認してください。意識をすれば、足先の向きと、膝の向きをそろえることはできますが、問題は、無意識の自然体の状態でどうなっているかです。

●股関節の外旋トレーニング

肩幅か、やや肩幅よりワイドに立った場合、膝頭が内側を向いてしまう股関節を持っている人、あるいは、膝下外旋（knee-in,toe-out）の人は、次に示すトレーニングを行うことをお奨めします。

写真2-4の①を見てください。床にマット（布団）を敷き、その上で、開脚して膝を弛めて、足首を伸ばします。外くるぶしが床につくように股関節を最大に外旋させます。その状態で9秒キープします。1秒休んで再び9秒キープします。これを6回行います（計1分）。

足首や膝から下の部分を外旋させることを股関節外旋と勘違いしている人がいます。足首を伸ばしておけば、足首と膝から下の部分を外に旋回させることができなくなります。こうすると、股関節の外旋感覚がどういう感覚かがよくわかります。

　1分間の外旋トレーニングが終わったら、踵をできる限り股関節から遠くに押し出すようにして膝を伸ばし、足指が上を向くように足首を屈曲させ（足指は反らせます）、膝頭が真上からやや内を向くようにして、後傾していた骨盤を立てて1分間キープします。この写真が②です。①と②を1セットとして、何セットか行います。

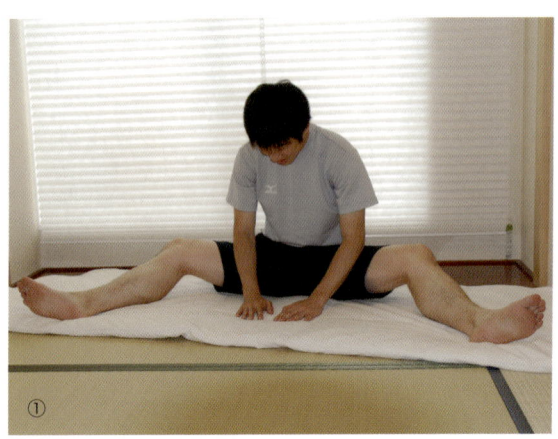

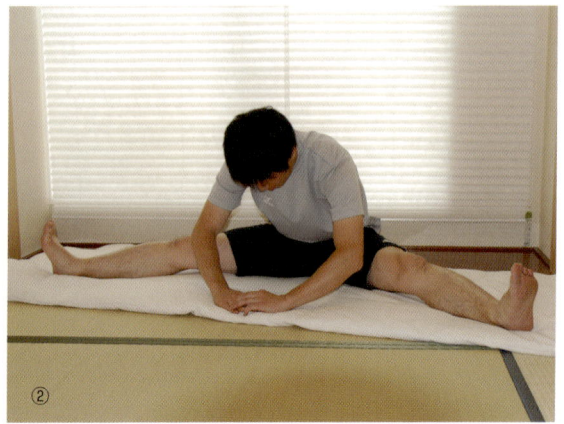

写真2-4 股関節の外旋トレーニング（股関節外旋から骨盤を立てる）

　このような地道なトレーニングを行うことで、本書で解説されている動作の感覚がしだいにからだでわかるようになっていきます。この運動は、からだの硬い人はなかなか継続できないようです。柔らかい人はこの手の訓練を好みますが、なかなか柔らかくならない人は嫌う傾向があります。
　重要なことは、柔らかくなることを目的としないことがポイントです。なかなか柔らかくならなくても、この地道なトレーニングを恒常的に行っていると、からだ（股関節や骨盤）の正しい使い方がわかり、そのために必要な股関節、臀部周辺の外旋筋力を養うことができます。これがゴルフのスイングに効いてきます。
　この股関節の外旋運動を「股関節トレーニング」と言って、「股関節ストレッチ」と言わないのは、柔らかくすることだけを目的としないからです。なかなか柔らかくならない人も、続けていくと股関節の正しい使い方を覚えた成果がスイング動作に現れてきます。からだはうそをつきません。

2 ── 知っておきたい重心移動
～素早い動作は「左→左」～

[1] ほんとうに右重心？

「バックスイングでは重心（体重）をしっかり右足に乗せて・・・」。私は、この言葉が多くのゴルファーの上達を妨げている原因の一つだと考えています。本当にトップの選手は、バックスイングで重心を右足に移しているのでしょうか？

確かに、スイングを正面から見た時の連続写真では、トップ・オブ・スイング時に上体が前傾しているため右足に重心が移っているように見えます。しかし、トップのプロ選手の重心はそれほど右に移動していないのです。

写真2-5　トップ選手のトップ・オブ・スイング

選手の上体が前傾しているため、客観的にはバックスイングで右足に重心を移しているように見えても、トップ選手自身は重心を右に移動させないでスイングしているのです。おそらく、読者の皆さんも良いショットをしたとき、バックスイングでは重心が大きく右足に移動していないはずです。

よく、「何も考えないで打ったら良かった・・・」という声を聞きますが、そういう時は右重心から意識を外したことで、スイングがスムーズに行えたのです。

[2] 左に残すと動きは速い

　重心は、ゴルフスイングのような短時間の素早い動きの中で、瞬時に左右に切り替えることはできません。短時間の素早い動きの中では、重心の移動はどちらか一方向にしかできません。テニスのサービスやハンドボールのシュート、そして外野のバックホームの動きなどでも、左に重心を残しながらからだを右に回しています。他のスポーツでも、次へ動く側に重心を残せば素早く動けることを知っています。

　私は重心移動について指導するとき、反復横跳びを例に出します。小中学生のときの体力測定で、ほとんどの方は経験があると思います（図2-7 参照）。

　反復横跳びは、1分間に3本の線をまたいだ回数をカウントします。線を素早くまたぐためには、重心の取り方がポイントになります。右端の線を右足でまたいだときに、重心をどの位置に置く感覚だと素早く左に動きを切り返すことができるでしょうか？

　①右足　　　②中心　　　③左足

　正解は、③左足です。
　右足で線をまたいだ瞬間に左足に重心を置く感覚を持つことで、素早く左に動きを切り返すことができます。
　つまり、**次へ動く側に重心を残せば素早く動ける**ということです。ゴルフスイングのバックスイングからダウンスイングへの動きの切り替えも、反復横跳びと同じではないでしょうか？
　バックスイングはダウンスイングのための動作であり、バックスイングの動きからダウンスイングの動作は既に始まっていると言えます。
　ですから、バックスイングではダウンスイングへの動きの切り替えをスムーズに行うために、できるだけ**重心を左に残しておく**ことが重要なのです。
　これまで、バックスイングからダウンスイングにかけて「右→左」と重心移動しながらスイングされていたゴルファーは、左重心でバックスイングしながら「左→左」のスイング感覚を感じることで飛距離と方向性は飛躍的に向上します。

＜反復横跳び＞

体力測定で行う「反復横跳び」を思い出してからだを動かしてみましょう。
動作の切り替えのときに、重心を次に動く側に残すと動きが素早くなることを感じ取ってください。

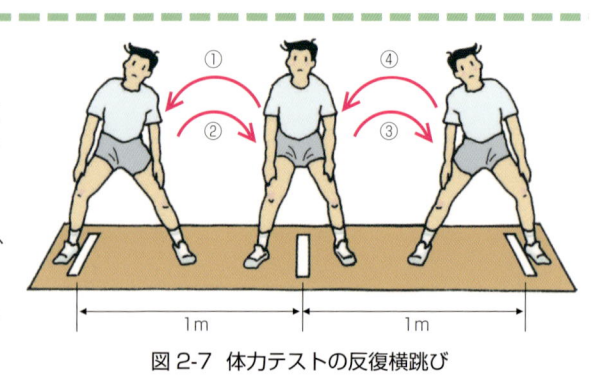

図2-7　体力テストの反復横跳び

[3] 重心は外旋する側にシフトする

　前項で、重心は素早い動きでは一方向にしか移動できないとお話しましたが、それ以外にも重心について知っておかなければならないことがあります。重心は股関節と肩関節が**外旋する側にシフト**するということです（写真2-6参照）。

　このことから、左股関節を外旋位に保つことでバックスイングからダウンスイングへの重心移動がスムーズに行われ、スイング全体の動きが良くなります。

外旋で手のひらは上を向く

写真2-6　肩関節・股関節の外旋と重心移動の関係

＜つま先開きショット＞

つま先を極端に目標方向側に開き、左膝を外旋位にさせてボールを打ってみよう。また、左膝を内側に絞った状態と打ち比べて重心移動の違いを感じてみよう。

①外旋位でのショット

外旋

②内旋位でのショット

内旋

写真2-7　左膝の外旋位と内旋位でのショット比較

3 知っておきたいアウトエッジ ～外旋立ち～

[１] 動きの方向と支持点のこと ～重心点と支持点～

●重心点と支持点

椅子に座った状態から、立ってみましょう。ここで問題を出します。

立つときに、踵に荷重して立つのと、つま先に荷重して立つのでは、どちらがすっと楽に立てるでしょうか。

頭で考えると、なんだか、つま先に荷重した方が立ちやすいような気がします。そう思った読者の方も多いかもしれません。

実際にやってみてください。踵に荷重する方が楽にさっと立てます。つま先に荷重すると、立つことさえできません。これには、どういう原理が働いているのでしょうか。

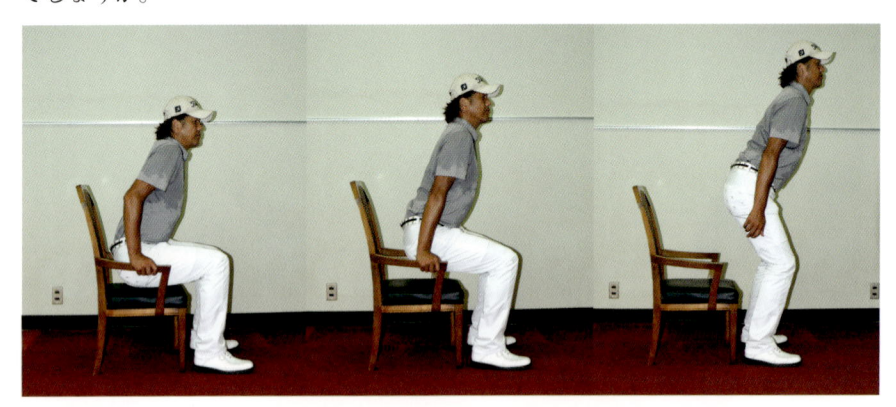

写真 2-8　椅子からの立ち上がり

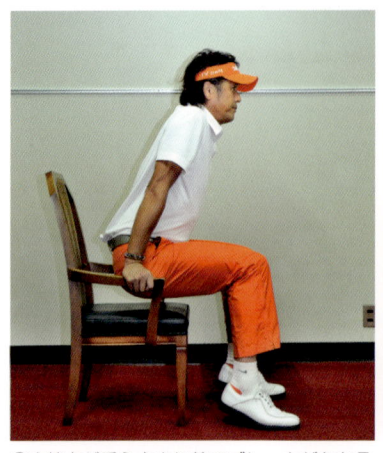

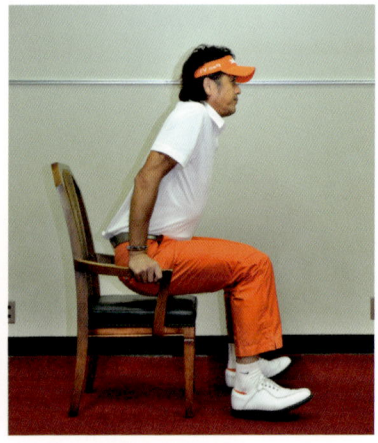

①支持点が重心点より前でブレーキがかかる　②重心点が支持点の上を越えやすい

写真 2-9　重心点と支持点

力学的原理を考える場合、重心点と支持点の二つを考えます。つま先を支持点にして、脚の力で立ち上がろうとすると、支持点が重心点よりかなり前にあります（写真2-9-①）。したがって、つま先で床をける方向が前方向になり、そのため、床からつま先が受ける反力の方向が後ろ向きになります。後ろ向きの力を床から受けると、からだが後ろに下がってしまい前に向かって立ち上がることができません。手やお尻で椅子を押しても、なかなか立てません。

　ところが、踵を荷重点（支持点）にすると、最初はやや後ろ向きの床反力を受けますが、からだを前に倒して重心の位置を前にしてやれば、踵の支持点よりやや後ろにあった重心点が、支持点の真上に達し、真上より前に超えます（写真2-9-②）。支持点より重心点が前に来れば、あとは踵で後ろ方向に床を押すことができ、前方向への床反力を踵が受けるので、からだは前に向かって立ち上がることができます。

　別な例で重心点と荷重点の関係を説明します。電車で前に倒れそうになったとき、からだを後ろに戻すには、踵を踏むでしょうか。つま先を踏むでしょうか。正解は、踵を上げてつま先に荷重して、前に倒れる動きにブレーキをかけます。反射的にからだがそう動きます（写真 2-10-①）。前に倒れるのを抑えるのがつま先というツールです。

　後ろに倒れそうになったら、つま先を上げてかかとを踏むのがからだの自然な動きです（写真 2-10-②）。意識しないでも反射的にそうなります。踵は、前に重心を移動させるときのツールなのです。

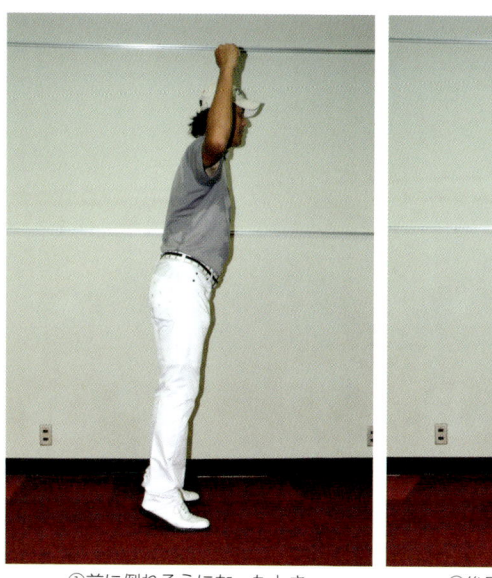

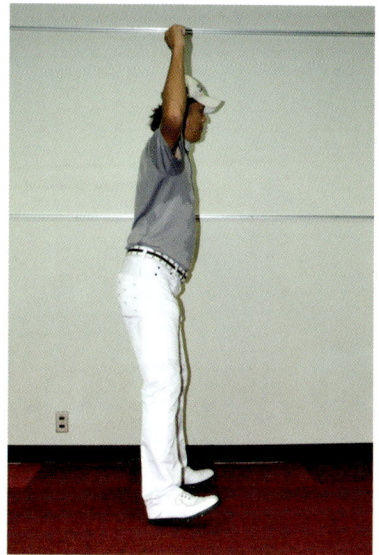

①前に倒れそうになったとき　　　②後ろに倒れそうになったとき

写真 2-10　電車で倒れそうになったときの動き

● エッジ感覚

　後ろに倒れそうになったとき、地面反力を受けて重心（からだ）を前に戻すには、地面反力を受ける足裏の場所は、足裏の一番後ろの踵が好都合です。前に倒れそ

うになったときは、足裏の一番前のつま先が好都合です。

　外から力を受けないとからだは前に進みません。ニュートンがこのことを明らかにしました。支持点と重心点がずれていないと、からだは動かないのです。立った状態で、支持点と重心点を大きくずらして、地面反力を受けて体重を移動するには、足裏のエッジ（縁）に荷重するエッジ感覚が重要になります。

　座った椅子から立ち上がるときに、左方向への動きを入れてみましょう。椅子からの立ち上がりに、左への動きを入れると、少しゴルフの感覚に近くなってきます。椅子に座った状態だと、重心は左右の足のほぼ真ん中に位置しています。そこから、左足に向かって重心を移動しながら立つことを考えてみましょう。

　このとき、左方向にからだが移動するための地面反力を右足の足裏が受けます。そのためには、荷重点は、右足裏の拇指球側（インエッジ）にある方がいいでしょうか。外くるぶし側（アウトエッジ）にある方がいいでしょうか。

＜椅子からアウトエッジ荷重で立ち上がってみよう＞

　椅子に座って、左足に体重を乗せて立ち上がってみましょう。アウトエッジに荷重する感覚で床を押してみてください。楽にすっと体重が左に移動して立てます。

　拇指球で押す感覚、すなわちインエッジ荷重でやってみてください。これだと、からだが重く感じ、力感が大きくなります。この方が強く押しているような感じがしますが、大きな筋力発揮をしている割には、左方向への有効な力が大きくならないという損失をしています。

　地面反力で体重を左に移動するには、重心点に対して支持点を右にずらすことが大切です。支持点を右にずらすということは、右足裏のアウトエッジ（縁）に荷重するということです。荷重して地面を右に押してやれば、からだを左に押してくれる地面反力が得られます。

＜スムーズに動けるときの荷重はインエッジ or アウトエッジ？＞

　ゴルフと同じ左右足幅のスタンスをとり、左方向にサイドステップをする。このとき、右足裏のアウトエッジで荷重するのと、右足裏のインエッジ（拇指球）で荷重するのと、どちらがスムーズに移動できるでしょうか。比較してその違いを感じ取ろう。

　正解はアウトエッジのはずですよ。

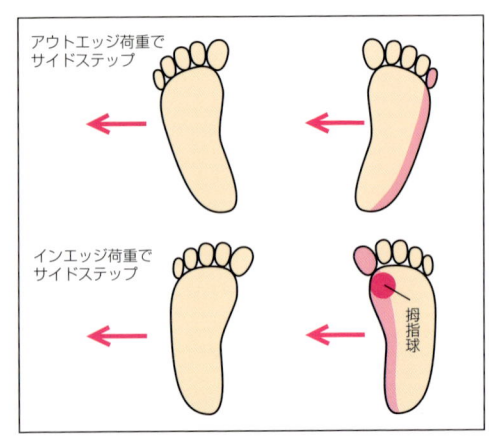

[2] 拇指球で蹴ると重心を押し上げる
〜「右足の蹴り」の誤解〜

ゴルフスイングの基本の一つに、「前傾姿勢を崩さない」ということがありますが、「前傾姿勢を崩さない」でスイングすることはとても大切なことです。なぜなら、「前傾姿勢を崩さない」ことでスイング中の重心の高さが保たれ、正確なインパクトが行われるからです。

一方で「右足の蹴り」を強調するスイング理論を耳にします。

「右足の蹴り」は飛距離を出す手段として定説のようになっていますが、はたして右足を蹴りながらスイングすると本当に飛距離が伸びるのでしょうか？

私は蹴るという言い方は要注意だと思います。「右足の蹴り」を意識すると拇指球（インエッジ）を強く蹴りながらスイングしてしまうからです。拇指球（インエッジ）を強く蹴りながらスイングすると、重心が押し上げられてしまい、アドレス時の前傾姿勢が崩れて正確なインパクトを狂わせてしまいます。では、アドレス時の前傾姿勢を保ち、正確なインパクトを行うためにはどうすればよいのでしょうか。

アドレス時の前傾姿勢を保ちつつ正確なインパクトを行うためには、右足裏の外側（アウトエッジ）に足圧を感じながら右足を静かに使う感覚が大切です。

＜サイドステップをしながらスイング（素振り）してみよう＞

ゴルフと同じ左右足幅のスタンスをとり、左方向にサイドステップをしながらスイング（素振り）してみる。このとき、右足裏のアウトエッジで荷重するのと、右足裏のインエッジ（母指球）で荷重するのと、どちらがスムースにスイングできるかを比較してみよう。正解はアウトエッジのはずですよ。

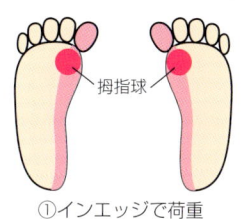

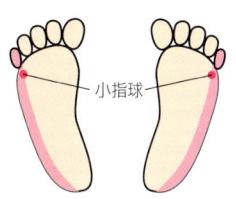

①インエッジで荷重　　②アウトッジで荷重

図2-8　インエッジ荷重とアウトッジ荷重の比較

4 — 知っておきたい骨盤の前傾

[1] 知っておきたい正しい立ち方

●正しい立ち方から正しい前傾姿勢が生まれる

　ゴルフのアドレスは、正しい前傾姿勢をとることが大切です。

　からだを正しく前傾させるためには、正しく立った姿勢を知ることが大切です。皆さんは、「正しい姿勢」で立てと言われたら、どのような姿勢をイメージしますか？　ほとんどの方が、学校で教わった「気をつけ」の姿勢をイメージされたのではないでしょうか？

　では、「気をつけ」をしてみてください。おそらくほとんどの方は両足を閉じて腰を前方に押し出した姿勢で立ちます。写真 2-11 の①のように、腰を前方に押し出して立つと骨盤が後傾します。このような骨盤が後傾する立ち方は素早く動くことができません。

　ゴルフの構えは、普段の立ち方がそのまま現れます。普段、骨盤が後傾する立ち方をする人は、ゴルフのアドレスにおいても骨盤を後傾させてしまうので、スムーズなスイングを行うことができません。

　では、「正しい姿勢」で立つとはどのような立ち方なのでしょうか？

①一般的な「気をつけ」の姿勢　　　　　　　　②正しい立位姿勢

写真 2-11　立ち方の比較

●正しい立ち方とは

　正しい立ち方は、まず両足を肩幅に開き、できるだけ腰を前方に押し出します。腰を押し出すと、足圧はつま先寄りにかかります。そのまま頭の位置を変えないで、腰を後方に引きます。徐々に足圧が踵寄りにかかってきます。さらに腰を後方に引くと上体が前傾して、足圧は再びつま先寄りに移動します。この一連の動作の中で、もっとも踵寄りに足圧がかかった骨盤の位置を見つけてください。頭部全体は、耳の穴と肩を結んだ直線が垂直になるように顎を少し前に出します。横から見たとき頭頂・肩（肩峰）・大転子（大腿骨上部の出っ張った部分・ほぼ股関節の位置）を結んだ線がほぼ一直線に並んで垂直になるとよいでしょう。

　「正しい姿勢」で立てたら、その姿勢のままで骨盤を前傾させましょう。

　正しい立ち方からからだを前傾させると、骨盤が前傾したアドレスの姿勢をとることができます。

　このとき、骨盤が正しく前傾していると、写真 2-12 の②のようにつま先から垂直に伸びた線上に肩（肩峰）が位置します。

①骨盤後傾のアドレス　　　　　　　②骨盤前傾のアドレス

写真 2-12　骨盤が後傾したアドレスと前傾したアドレスの比較

●骨盤の前傾がスムーズなスイングを生む

　アドレスで骨盤が後傾しているのか、あるいは前傾しているのかでそれぞれの構えからのスイングが異なります。後傾しているスイングは、写真 2-13 の①のようにバックスイングで重心が右に移動してしまいます。

重心移動のところで学んだように、素早い運動では一度右に移動した重心は左に移動しにくいため、ダウンスイングから左方向への重心移動が難しくなります。重心移動がスムーズに行えないと、ダウンスイングにおいて写真 2-14 の①のように上体の反り返りが起こり、ボールを正確に捉えることが難しくなります。

①重心が右に移動したバックスイング　　②重心が右に移動しないバックスイング

写真 2-13　重心移動とバックスイング比較

①ダウンスイングでの上体の反り返り　　②上体の前傾が保たれたダウンスイング

写真 2-14　ダウンスイングでの上体の動き

一方、写真 2-12 の②のようにアドレスで骨盤が前傾したスイングは、写真 2-13 の②のようにバックスイングで右への重心移動を抑えることができます。

　右への重心移動を抑えると、ダウンスイングから左方向への重心移動がスムーズに行えます。重心移動がスムーズに行えると、写真 2-14 の②ように上体の前傾が保たれ、正確にボールを捉えることができます。

[2] こうすれば骨盤は前傾する

　上手く骨盤を前傾できない方は、腰を前方に強く押し出しているため、股関節とその周辺が緊張しています。上手く骨盤を前傾させるためには、股関節とその周辺をリラックスさせることがポイントです。意識としては股関節と骨盤の接続部において、**下腹をゆるめる感覚**を持つことが大切です。下腹をゆるめる感覚を持つと、どのあたりに重心を感じますか？

　股関節と骨盤の接続部が緊張していたときと比べると、低い位置に重心を感じませんか？

　このように、骨盤の傾きは重心の高さにも関係します。重心が低くなるとスイング中の骨盤の高さも安定し、正確にボールを捉えることができます。

　読者の皆さんは、下腹をゆるめる感覚を持つことで股関節周辺がゆるみ、骨盤が前傾するようにアドレスしてください（p.76 コラム「丹田の作り方」参照）。

[3] 流れるように動くことができる骨盤前傾

　皆さんがアドレスを習うとき、静止した写真やイラストを参考にされると思います。このこと自体は間違いではないのですが、形だけを真似ようとしないことです。人のからだは、静止した姿勢から動くときは、先ず支持点が動き次に重心点が動きます。大切なのは、自分がいかに抵抗なく「楽」に重心点を動かせる姿勢であるかどうかも重要になります。

　静から動へ、流れるようにアドレスからスイング動作に入るための前傾角度は、**つま先と肩峰が一直線上に並ぶ姿勢**がポイントになります。私の経験上、多くの方は日常生活の立位姿勢で骨盤が後傾しているためか、肩峰の位置がつま先よりも後方に位置しています。

　受講生に、つま先と肩峰が一直線上に並ぶ前傾を指導すると、「えっ・・？こんなにからだを傾けるんですか？」という声が返ってきます。そういった生徒に立位姿勢をとらせると、やはり骨盤が後傾しています。

①肩峰とつま先が揃っている　　　　②肩峰が後方にズレている

写真 2-15　肩峰とつま先が揃った写真と肩峰が後方にズレた写真比較

　正しくつま先と肩峰が一直線上に並ぶ姿勢をとりながら、「楽」に重心点を動かせるかどうかを目安にアドレスの姿勢を調整してみてください。

①後傾のスイング

②前傾のスイング

写真 2-16　骨盤後傾のスイングと骨盤が前傾したスイングの比較

4. 知っておきたい骨盤の前傾

＜自分の骨盤角度をチェックしてみよう＞

写真のように、肩から棒かクラブを垂らして肩峰とつま先が一直線になるかどうか、自分がアドレスしたときの骨盤角度を調べてみよう。

写真 2-17　骨盤角度の調べ方

COLUMN

＜コラム：丹田(たんでん)の作り方 〜下腹をゆるめる〜＞

　本文で浜田プロが、骨盤の前傾と丹田（下腹）をゆるめることの重要性を述べていますが、骨盤を前傾させるイメージがつかめないゴルファーも多いのではないでしょうか。

　日本人は骨盤を前傾させることが苦手だと言われています。骨盤を前傾させる感覚がつかめない場合は、正座をして胸の開閉動作を繰り返してみましょう。武道（武術）では、正座をして技を習得する方法が伝えられています。その目的は、下肢を固定することによって骨盤と体幹の正確な動きを習得するためです。骨盤を前傾させる動きも、正座をして下肢を固定することによって明確になります。

　まず、正座をして（正座が苦手な方は椅子に腰かけてもよい）肩甲骨を少し後方に引いて胸を前方に押し出してください。すると、骨盤は前傾します。次に、左右の肩甲骨を前に移動させると同時に胸を閉じてください。骨盤は後傾します。この動きを繰り返しましょう。骨盤の前傾は、胸の位置（張り）で作ります。骨盤だけを前傾させようとしても上手くいきません。

　骨盤の前傾ができるようになったら、次は腹圧をかけてみましょう。まず、骨盤を前傾させてゆっくり横隔膜を下げるように息を吸い込んでいきます。下腹をゆるめるようにして十分に吸気を落としていきます。次は、胸を閉じて骨盤を後傾させたまま同様に腹圧をかけてみましょう。

　いかがですか、骨盤を後傾させたままでは腹圧をかけることができません。骨盤の角度と腹圧の関係がわかると思います。

骨盤後傾　　骨盤前傾

　正座で骨盤を前傾させて腹圧を十分にかけられるようになったら、次は実際にクラブを持ってアドレスの姿勢をとってみましょう。正座の場合と同様に胸の開閉と骨盤の傾きを確認してみてください。アドレスで骨盤前傾のイメージがつかめなかった方は、正座の場合と同様に胸をすこし前方に押し出すようにしてみましょう。骨盤を前傾させようとして体幹（上体）全体を前に倒す方も多いのではないでしょうか。そうではなく、体幹（上体）の角度はそのままにして胸の位置を変えるのです。高い椅子にお尻をかけるイメージもいいかもしれません。

　さて、骨盤を前傾させることは、ゴルフのアドレスに限らずスポーツや武道（武術）の準備姿勢での大切なコツとなっています。骨盤を前傾させ腹圧をかけることによって、股関節を合理的に使えるようになります。ゴルフのようなスイング系の動作では非常に大切な身体操作です。是非、マスターしたいものです。　　　　　（木寺 英史）

5 —— 知っておきたい膝の使い方

[1] 膝は使うのではなくて動くもの

　皆さんの多くは、雑誌の連続写真やビデオ・テレビといった視覚的な情報をもとに練習しているのではないでしょうか？　それは悪いことではないのですが、見方を誤ると間違った動きを覚えてしまいます。

　なぜなら、他人の動作を目で見たときに感じたことと、実際に自分のからだを動かしたときの感覚にはズレが生じるからです。

　例えば、TV の解説で「柔らかく膝を使っていますね～。アマチュアの方も参考にしてください」。これを聞いたあなたは、早速練習場で膝を動かすことを意識して練習するはずです。

　しかし、膝を動かす意識を持って練習しても上手くいかないと思います。なぜなら、膝の動きだけに意識を置くと股関節の内外旋を妨げてしまい、腰の回転を悪くさせるからです。

　なぜ、膝の動きを意識したら腰が回りにくいのでしょうか？　それを知るためには、膝関節の動きを知っておかなければなりません。

　膝関節の動きは、屈曲・伸展です（写真 2-18）。

写真 2-18　膝関節の屈曲と伸展

写真 2-19　股関節内旋の構え

　ゴルフスイングでは、インパクトからフィニッシュにかけて若干の左膝の伸展は見られますが、アドレスからインパクトまではそれほど大きな動きはありません。もし、スイング中に膝を大きく使うとすれば、股関節をかなり内旋させて構えなければなりません (写真 2-19)。

やってみよう

＜ワイドスタンス・ショット＞

極端に足幅を広くとってボールを打ってみましょう。スイングすると股関節の動きで膝が動くことを感じとることができるはずです（写真2-20）。

写真2-20 ワイドスタンス・ショット

　股関節を内旋させて構えると、股関節の外内旋（外旋から内旋への動き）が難しくなります。つまり、膝を使うことを意識すると無意識に膝を使いやすい股関節内旋の姿勢をとってしまい、結果、股関節の外内旋を妨げてしまっているのです。連続写真やビデオ・TVなどで膝に意識を置いてスイングを見ると、皆さんには膝の動きが大きく見えてしまうからではないでしょうか？

　しかし、実際にスイングしているプロは股関節周辺の動き（股関節外内旋）に意識を置いてスイングしています。柔らかく膝を使っているように見えるのは、股関節の外内旋でそのように見えるということを知っておきましょう。

[2] 左の膝は外旋

　一流プロのアドレスの両膝、特に左膝はどの選手も右膝よりも外旋位（右打ちの場合）になっています。

　欧米の選手と日本の選手を比べてみても、欧米選手の方が左膝の外旋の度合いが大きく見られます。

　以前、豪州のプロと一緒にラウンドする機会があり、「どのようなイメージでスイングしてるの？」と聞くと、彼は「（バックスイング

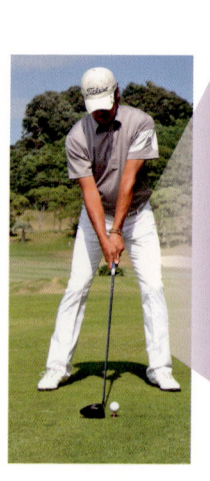

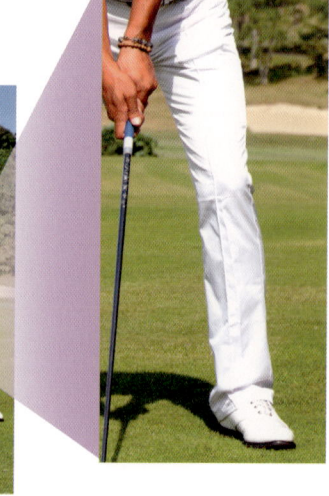

写真2-21 トッププロの左膝外旋

やってみよう

＜つま先開きショットで重心移動を感じよう＞

P.65 の「やってみよう」で学習した「左膝外旋位でのつま先開きショット」をここでもやって、重心移動を感じてみよう。やり方は P.65 の写真 2-7 を参照してください。

で）その場でからだをコイルするイメージ」と答えてくれました。

日本では、バックスイングは右足に体重（重心）を移動させるというのが一般的ですが、豪州ではあまり言われていないそうです。

私見ですが、日本選手はバックスイングで右への体重（重心）移動を意識しているために、左膝の外旋位が小さくなり、欧米では、右への体重（重心）移動よりも左への体重（重心）移動を意識するため、左膝の外旋位が大きくなっているのではないかと考えています。

重心移動の項目（p.63）で述べたように、素早い動きの中では一度からだの右側へ重心を移動させると左方向への重心移動が難しくなります。

国籍を問わず、トッププロは**左膝を外旋位に保つ**ことで、左方向への重心移動を容易にさせることを知っています。

［3］「左の壁」って何だろう？

読者の皆さんも「左の壁」という言葉を一度は耳にしたことがありますよね。

ゴルフをしない人が聞いたら、「ゴルフは道具のほかに『壁』もいるのか‥大変だなぁ」って思うでしょうね。（笑）

では、必ず耳にする「左の壁」って、いったい何でしょう？

実際は「左の壁」とは、左股関節が外旋から内旋へと切り替わるときの締まる感覚だと思われます。

ほとんどのゴルファーは、「左の壁」を意識すると止める動作をイメージしてしまいがちです。特に、タイガーウッズのような左膝をインパクトで伸ばす動きに憧れ、左脚が伸びた形だけを真似ようとする人はよけいにそうです。

客観的に見える左脚が伸びた形だけを真似ようとすると、左股関節がいきなり内旋に入ってしまいます。そうなると、左への重心移動を妨げてしまいスムーズなスイングができません。

写真 2-22　タイガーのインパクトで左膝を伸ばす動き

私が指導するときには、特に「左の壁」というような言葉は使わず、「左股関節から足元に向かって徐々に空き缶を踏み潰していく感じ」でスイングするように説明しています。

写真 2-23　空き缶を踏み潰す感じでスイング

　タイガーのように左脚が伸びて見えるのは、左股関節が外旋から内旋していくことによって左股関節から足元に向かって下向きに強い力が働く結果、伸びているように見えるのです。
　目で見えるものに心を奪われないで、皆さんのからだの中で感じる部分に目を向けていくことが上達への近道ではないでしょうか。

＜「左の壁」という感覚をつかもう＞

　下の写真 2-24 のように、ダウンスイングからインパクトにかけて、左足が左股関節から足元に向かって下向きに強い力が働く感覚を持ってスイングします。このとき感じる感覚が「左の壁」という感覚になります。

写真 2-24　「左の壁」という感覚をつかむスイング

GOLF
第 **3** 章

知っておきたい体幹のこと

　第1章では上肢の使い方、第2章では下肢の使い方について説明しました。3章では上肢・下肢を正しく使うための体幹の使い方について説明します。
　これまでのゴルフスイングの指導では、からだの中心に軸を置いてスイングすると長い間言われ続けてきました。しかし、私たちがそのような中心軸で練習を重ねても、なかなかショットが上達しないのはなぜでしょうか。
　常に正確なショットと飛距離を求められるトッププロは、からだの中心ではなく左に軸を置いて体幹を巧みに操作しているのです。
　皆さんも、この章で正しく左に軸を置いた体幹の使い方を学び、今までにない「スイング感覚」を手に入れてください。

1 ── 知っておきたい左軸感覚

[1] 左軸感覚とは

> 皆さん！
> このアドレスを
> どう思いますか？

写真 3-1　皆さんにお薦めしたいアドレス

　皆さんは、上のアドレス写真を見てどう感じましたか？
　何気なく写真を見ると普通のアドレスですが、重心をからだの中心からゴルフボール1個分左に置く感覚で構えています（写真 3-2 参照）。

●アドレスでの重心の置き方

　筆者で写真モデルの浜田は、アドレスで自分の左右足にかかる体重配分がどうなっているか、小田伸午（関西大学）にお願いし、地面反力計を使って計測して

もらいました（以降、体重の左右配分データは、すべて私自身（浜田）のデータです）。計測データの結果は、ドライバーで、ボール1個分左に重心を置いて構えた場合、左足53.0％、右足47.0％の体重配分になっており、左体重でした。誰もが地面反力計に乗ってアドレスを計測できるわけではないので、皆さんが重心をからだの中心からボール1個分左に置く感覚でアドレスしたときは、右足よりも左足に多めに足圧を感じるくらいの感覚だと思ってください。

中心線
重心点
右足 47.0％　　　左足 53.0％

写真3-2　アドレス時の中心線と体重配分

　また、重心をセンターに置く感覚で構えた場合は、左足48.6％、右足51.4％の体重配分になり、やや右体重になるという興味深いデータも出ました。重心をからだの真ん中に意識すると右体重になるということは、バックスイングで右に重心が移動しやすいゴルファーの多くは、からだの真ん中に重心や軸感覚を持ってアドレスしているのかもしれません。

　このような、重心をからだの中心から僅かに左に置くような感覚のアドレスは、トッププロにも多く見られます。

●トッププロは重心をからだの中心より左に置いている

写真3-3　タイガーウッズのアドレス

●なぜ重心をからだの中心より左に置くのか？

なぜ、重心を予めからだの中心よりも左に置いて構えているのでしょうか？
それは、スイング中の重心移動と深い関わりがあります。
スイング中の正しい重心移動は、バックスイングではアドレス時の重心位置をできるだけ保ち、ダウンスイングからインパクトにかけて左に移動します。
からだの中心に重心を置いて構えると、バックスイングで重心の右への移動が大きくなり、ダウンスイングからインパクトにかけて左への重心移動が難しくなります。

なぜ、からだの中心に重心を置くと左への移動が難しくなるのでしょうか？
からだの中心に重心を置くと、直立していればからだを右に回しても重心の右

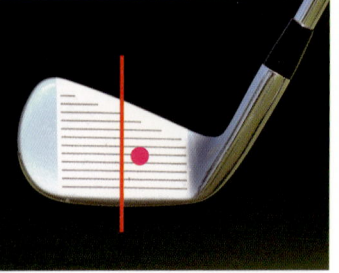

クラブヘッド（右利き）のつくりも、クラブヘッドが左方向に回りやすくするために重心を中央よりシャフト寄りにズラしてつくられている。

写真3-4　クラブヘッドの重心

1. 知っておきたい左軸感覚

への移動は抑えられますが、前傾していると、バックスイングのとき前傾した上体の動きに引っ張られて重心が右に移動するのです。そうならないために、トッププロは予め重心をからだの左に置き、バックスイングで重心が右に移動しようとする動きとつり合いをもたせて、右への重心移動を抑えることで左への移動を容易にしているのです。

やってみよう

＜右から左への回旋運動で重心移動しやすいのはどちら？＞

メディシンボールを臍の高さに持ち、アドレス時と同じような前傾姿勢で、①重心をからだの中心に置いて右から左に回旋したときと、②重心を左に置いて右から左に回旋したときの違いを感じとってみよう。

どちらが左への重心移動をスムーズにできるだろうか。

①重心をからだの中心に置いて右から左に回旋したとき

②重心をからだの中心より左に置いて右から左に回旋したとき

写真 3-5　メディシンボールによる重心移動の体感

85

●スイング中の軸感覚はアドレス時の左股関節に置く

　左軸感覚のポイントは、アドレス時の重心の位置感覚はからだの中心から僅かに左ですが、スイング中の軸感覚はアドレス時の左股関節に置きます。スイング中の軸感覚をアドレス時の左股関節に置くことで、スイングでの重心移動をスムーズに行うことができます。

　スイング中の重心の移動距離は、多くのプロに話を聞くとアドレスの重心位置から左脚内側（左股関節）辺りという答えが返ってきます。実際に計測したわけではありませんが、私自身の経験も含めプロや上級者は重心の移動距離をアドレスの重心位置から左脚内側（左股関節）に感じながらスイングしています。

　重心の移動距離は、打ちたい距離やスイングの大きさによっても異なります。

　ゴルフは遠くに飛ばすだけではなく、状況によっていろいろな距離を正確に打ち分けることが求められます。打ちたい距離に応じて、スタンスの幅を狭くしたり広くしたりしながら、アドレスの重心位置と左股関節の間隔を変えていきます。

　また、筆者の体重の左右配分のデータをみてもわかるように、スタンス幅が変わることで意識しなくても狭いスタンス幅は体重が左にかかる割合が多くなり、広いスタンス幅になるほど左にかかる割合が少なくなります（写真3-6 参照）。

スタンス幅①：足幅１足分のアプローチウエッジのアドレス
　　　　　体重の左右配分　右足 40.4%　左足 59.6%

スタンス幅②：肩幅（両足踵中心間幅）の７番アイアンのアドレス
　　　　　体重の左右配分　右足 47.3%　左足 52.7%

写真 3-6　スタンス幅の違いによる重心の移動距離と体重の左右配分

1. 知っておきたい左軸感覚

　アドレスの重心位置と左股関節の間隔を短くすることで、重心の移動距離は短くなり飛距離を抑えることができます。

　もっとも飛距離を出すドライバーショットは、スタンス幅を肩幅より広めにとり、アドレスの重心位置と左股関節の間隔を長くします。間隔を長くすることで重心の移動距離は長くなり、飛距離を伸ばすことができます。

スタンス幅③：肩幅＋1足分のドライバーのアドレス
体重の左右配分、右足47.0％　左足53.0％

写真3-7　スタンス幅の違いによる重心の移動距離と体重の左右配分

●左軸感覚のスイングと重心移動

　左軸感覚のスイングは、重心をからだの中心よりも左に置いて構え、その重心位置を保ちながらバックスイングを行い、ダウンスイングからフィニッシュにかけては左股関節まで重心移動しながらスイングします。

　飛距離を伸ばすためには重心移動が必要です。重心移動を行うためにはトップ・オブ・スイングの左股関節の位置とフィニッシュの左股関節の位置は異なります。ポイントは、左股関節に軸感覚を持ちながらスイングすることで、左股関節の1本の軸のみでスイングすることではないことを知っておきましょう。単に「左軸」ではなく、敢えて**「左軸感覚」**としたのはそのためです。

写真 3-8 左軸感覚のスイング

［2］トッププロに多い左軸感覚

●腕組みからその人の軸感覚がわかる

　読者の皆さんは無意識に腕組みをしたときに、左右どちらが上の腕組みになっていますか？
　タイガーウッズなどのトップ選手は、左腕上組みになっています。

写真 3-9 腕組みの違いによる体重の左右配分

左腕上組み　左右体重配分
右足 48.4％　左足 51.6％

右腕上組み　左右体重配分
右足 49.4％　左足 50.6％

腕組とゴルフスイングは無関係に思われるかもしれませんが、無意識な腕組みはその人の動きの軸感覚が現れていると推測されます。

　左右腕組みの体重配分のデータでは、僅かですが上組みにした腕側に体重が多くかかります。筆者は、**左腕上組みは左軸感覚、右腕上組みは右軸感覚**でからだを使っていると考えています。

　その人の持っている軸感覚は、ゴルフスイングに大きく関係します。ゴルフスイングは、2秒前後という短い時間での素早い運動です。特に、トップ・オブ・スイングからインパクトまでは男性で0.3秒前後、女性で0.5秒前後という極めて短い時間での運動になります。

●右軸感覚と左軸感覚のスイングの違い

　右軸感覚のスイングは、バックスイングで右足に体重を移動しダウンスイングから左足に体重を移動させるというように、体重移動を大きく左右に使いながらスイングします。

　一方、左軸感覚のスイングはバックスイングでの体重移動を抑え、ダウンスイングから左足に体重を移動させながらスイングします。著者（浜田）が被験者をしたとき、下記のような数値が出ました。

・右軸感覚のスイング中の左右体重配分は、アドレス時：左47.0％、右53.0％
　　　　　　　　　　　　　　　　　　　トップ・オブ・スイング時：左12.3％、右87.7％
・左軸感覚のスイング中の左右体重配分は、アドレス時：左53.1％、右46.9％
　　　　　　　　　　　　　　　　　　　トップ・オブ・スイング時：左26.8％、右73.2％

　両者を比較すると、トップ・オブ・スイング時での左右体重配分に大きな差が

見られます。

　左軸感覚に対し右軸感覚のトップ・オブ・スイングでの右の数値がかなり大きくなっています。

　このように、左右体重配分データから見ても左軸感覚のスイングは右軸感覚のスイングと比べてバックスイングでは重心移動が抑えられていると考えられます。

　バックスイングでは右重心、フォロースルーでは左重心というように、左右の重心移動を大きく使ったスイングは、長い時間（5〜6秒）をかけてゆっくりとスイングする場合は上手くできますが、短時間（2秒前後）での素早い動きのスイングでは難しくなります。

　特に、バックスイングからダウンスイングへの動きの切り替え時間はコンマ数秒のできごとです。重心の移動は、ゆっくりとした動きなら左右への移動が容易にできますが、ゴルフスイングのような素早い動きでは難しくなります。

　ですから、**バックスイングで右に重心を移動させると、重心はそのまま右に残りやすくなります。**

●プロは左軸感覚で右への体重移動を抑えている

　トッププロは、豊富な練習時間の中で無意識に、右への体重移動を抑えることでダウンスイングからインパクトに向かって体重移動がスムーズに行えることを学んでいるのです。左右腕組みしたとき上組みにした上腕は外旋しています。重心は、上腕を外旋した側にシフトさせやすく、右への体重移動を抑えダウンスイングからインパクトに向かって上腕を外旋させ体重をシフトさせている感覚が、無意識に左腕上組みの姿勢に現れているのではないでしょうか。

　ゴルフ以外のスポーツでも、テニスのサービスやバレーボールのサーブ、野球の投球などに、左軸感覚での動きは多く見られます。ゴルフも他のスポーツの動きに見られるように、予め軸感覚を左に置くことで、スイングがスムーズに行えるのではないでしょうか。

　女子プロの諸見里しのぶ選手が、ある大会での優勝コメントの中で「普段の生活の中で、左手で箸を持ったり字を書いたりすることでスイングが良くなった」と話していました。トップ選手は、ゴルフから離れた生活の中でも左を意識しているのです。

　皆さんも、トッププロの左軸感覚に見習って、重心移動というものを今一度見直してみてはいかがでしょうか？

＜コラム：左軸の妙＞

私たちは、からだの右と左は対象であると考えがちです。技術的にも右打ちのスイングを鏡に映したように逆にすれば左打ちスイングになると考えがちです。しかし、からだの右と左は明らかにその機能が異なるのです。このことをよく知っていたのが日本の武道や伝統文化です。

例えば、弓道は左手で弓を押し出し右手で矢を引きます。現在は、逆に右で弓を持つ弓道家もいるのですが、本来それは許されていませんでした。左手で弓を持っていましたから、左手を「弓手（ゆんで）」と言います。左手で弓を携えて馬に乗ると右手で馬の手綱を持つので右手を「馬手（めて）」と言いました。剣道の構え（中段）も、右手と右足が前、左手と左足が後ろに位置する右自然体です。江戸末期には350以上の剣術の流派がありましたが、逆の左自然体の構えは、どの流派にもありませんでした。また、書道も右手で筆を持ちました。左利きの人が書道を志すと以前は右で筆を持つように指導されました。なにか、からだの左右には秘密が隠されていそうです。

まず、私たちは、利き手や利き足に関係なく左足に重心が乗りやすいのです。そして、その左足で主動するときに合理的で安定した動きができるのです。言い方をかえると、左軸（からだの左半身）でからだを導くときに高いパフォーマンスが発揮される傾向にあります。弓道で弓を引き切った姿勢（「会（かい）」と言います）をとってみてください。弓を左手で保持しますから、左重心であることがおわかりいただけるでしょう。剣道の構えにも、「左にのる」という教えが伝わっています。書道も同様です。正座をして、右手で筆を持ち左手で半紙を押さえる姿勢をしてみてください。やはり、左重心です。そして、日本の文字は、からだの重心を左から右に移すことによって書くようになっています。

写真3-10 弓道の「会」と剣道の面打ち

この左軸を主動とする動きは、スポーツの動作にも当てはまります。陸上のトラック競技や野球のベースランニングが左回りであるのもそのためです。野球のバッターも、左軸を主動します。右バッターであっても、左バッターであっても左軸主動です。例えば、王貞治氏（前、ソフトバンクホークス監督）の一本足打法を思い出してみましょう。右足（投手側の足）をあげて左軸を操作します。つまり、一本足打法は左打者特有の技術なのです。

（木寺 英史）

[3] 右打ちと左打ちの軸感覚

下の連続写真は、世界を代表するタイガーウッズ（右打ち）とフィルミケルソン（左打ち）のスイングです。読者の皆さんは2人のスイングを見て何か違いを感じませんか？

タイガーウッズ（右打ち）

フィルミケルソン（左打ち）

写真3-11 タイガーウッズ（右打ち）とフィルミケルソン（左打ち）のスイングフォーム

1．知っておきたい左軸感覚

　タイガーは、前脚（左足）に重心を移動させてスイングしていますが、ミケルソンは後ろ脚（左足）に重心を残してスイングしています。
　二人の軸感覚は、連続写真⑦～⑨コマでの骨盤の傾きに、それぞれの軸感覚が見て取れます。タイガーは前脚（左足）に軸感覚を置いているので骨盤は地面に対してほぼ水平に回旋しているのに対し、ミケルソンは後ろ脚（左足）に軸感覚を置いているため骨盤は地面に対して後ろ脚（左足）側が低く傾いて回旋しています。両者のスイングは見た目には違って見えますが、左足に軸感覚を置いているという点では共通しています。

⑥　　　　⑦　　　　⑧　　　　⑨

⑥　　　　⑦　　　　⑧　　　　⑨

第3章 知っておきたい体幹のこと

①右打ちのタイガー　　　　　　　　　　②左打ちのミケルソン

写真3-12　右打ちと左打ちの軸感覚の比較（赤線は軸ライン）

一般的なゴルフスイングの基本の一つに、「(右打ちの場合)バックスイングでは右脚に体重(重心)を移動させて…」とよく言われます。この後ろ脚(右足)へ体重を移動させる動きは、体重(重心)移動と言われていますが、これは左打ちのゴルファーに当てはまる理論だと筆者は考えています。

　左打ちのゴルファーの左軸は、目標方向から見て後ろ脚(左足)になるので、バックスイングでは体重(重心)を移動させてスイングします。反対に、右打ちのゴルファーの左軸は前脚(左足)になるので、バックスイングでは体重(重心)の移動を抑えてスイングします。

　こうしたバックスイングでの体重(重心)の取り方は、フィニッシュの形の違いに顕著に現れます。タイガーのフィニッシュは左足から上半身まで真っ直ぐに立っていますが、ミケルソンの上半身は少し後方に傾いています(写真3-11のフィニッシュ参照)。このように、両者のスイングは体重(重心)の移動の仕方やフィニッシュの形には違いがあるのですが、**左脚を軸にスイングしている**という点では共通しているのです。

　両者のスイングが違って見えるのは、軸になる左脚が目標に対して前足(右打ち)か後ろ足(左打ち)かによって重心の取り方が違うためなのです。左打ちのゴルファーが、右打ちのゴルファーのスイングを鏡で映したように右と左を入れ替えても上手くいかないのはこのためです。

＜軸感覚をつかむ片足でのボール打ち＞

　片足でボールを打ち、左股関節から垂直に伸びた線を軸にして左重心のスイング感覚を感じ取りましょう。

　また、左右それぞれの股関節から垂直に伸びた線を軸にして打ち比べて、どちらで打った方が軸がしっかりして打ちやすいか感じ取ってみましょう。

　右打ちは前脚(左足)一本で、左打ちは後ろ脚(左足)一本でボールを打ちます。

写真3-13　片足でのボール打ち

[4] アドレスのとり方でつくれる左軸（左重心）

　トッププロは、豊富な練習量で常に自分自身のからだの中で試行錯誤を繰り返しています。その試行錯誤の中で良いと思ったことは、従来言われ続けてきたことと違うことでも、柔軟に自分の中に取り入れています。軸のとり方においても、上達する人は従来言われ続けてきた中心軸にとらわれず、自分の中に動きやすい軸を置いてスイングしています。

●軸の置き方はアドレスのとり方でわかる

　ゴルファーがどこに軸を置いているかは、アドレスのとり方で見ることができます。

　タイガーがアドレスに入るときのルーティーンは、飛球線後方より左足から1（左）・2（右）・3（左）の順序でアドレスに入ります。

　石川遼のルーティーンは以前、飛球線後方より左足から1（左）・2（右）・3（左）・4（右）・5（左）でアドレスに入っていましたが、2011年全米オープンではタイガーと同じルーティーンで左足から1（左）・2（右）・3（左）でアドレスに入っていました。

①（1・2・3の3歩のルーティーン）

②（1・2・3・4・5の5歩のルーティーン）

写真3-14　アドレスのとり方（ルーティーン）

●左足からの奇数歩ルーティーンは左軸（左重心）になりやすい

　トッププロに多い左足から奇数歩数のルーティーンは、左足から踏み出して、左足から位置を決めて立つため、左軸（左重心）になりやすいのです。

　あらかじめ左軸（左重心）で立つことによって、左方向への重心移動が容易になります。ゴルフスイングのような右から左方向への素早い重心移動を求められる動きは、左軸（左重心）でアドレスすることで、その動きが容易になります。

1. 知っておきたい左軸感覚

　タイガーや石川選手のような一流選手のルーティーンは、無意識にからだを左軸（左重心）に導いているのです。
　左足から位置を決めて立つと左軸（重心）になりやすいのは、左軸には前に出やすい性質をもっているからだと筆者は考えています。
　皆さんにも、それを感じていただくために次のことを試していただきましょう。

＜左軸が前に出やすいことを体感してみよう＞

　骨盤幅で立ち、ゴルフクラブを肩幅でからだの前側に持ちます。そこから左片足で立ったあと、パートナーが真下に強くプレッシャーをかけると前方に崩れてしまいます（写真①）。次はお尻側に持ち、パートナーが真下に強くプレッシャーをかけると崩れずに立っていられます（写真②）。
　次に、右片足でも同様のやり方で試してみましょう。左片足とは逆に、からだの前側でクラブを持つと崩れず立っていられますが、お尻側で持つと崩れてしまいます。
　このことから、**左軸は前に出やすく右軸は後ろに下がりやすい**と言えると思います。
　左の軸が前に出やすいということは、右打ちの場合、左足の位置を決めてから立つと左に重心を移動させながらスイングする動作になりやすいと言えるのではないでしょうか。

①左片足で前側に持つと崩れる 　　　　　　②左足でお尻側に持つと崩れない

写真 3-15　左足を軸足にすると前に出やすくなる

[5] からだは左に回りやすい

　トッププロは、なぜ左軸感覚でスイングしている人が多いのでしょうか？
それは、左脚を軸にからだを左に回すことで上手くスイングできることをプレーヤー自身が感じ取っているからです。

では、なぜ左脚を軸にからだを左に回すことでスイングが上手くいくのでしょうか？
　それは、トッププロだけでなく読者の皆さんのからだも同じように、左脚を軸にからだを左に回しやすいように創られているからです。皆さんの身近なところで説明すると、陸上のトラック競技や野球のベースランニングなどは左回りに走ります。
　普段は気にもしていない事ですが、あらためて言われてみれば不思議ではありませんか？
　陸上のトラック競技が右回りでないのはなぜでしょう。同じ距離を走るのであれば、右回りでもよいはずです。普段見慣れている野球のベースランニングも、右回りであれば一塁が今の三塁になり、打ったバッターが三塁方向に走るのが当たり前となるでしょう。なぜ実際には左回りなのでしょう。
　私は、野球も含めて競輪や陸上のトラック競技など多くの競技が左回りであるには何か理由があるように思えます。
　私の地元愛媛県で高校野球の強豪チームのコーチから、「ベースランニングで選手に右回り（三塁方向）と左回り（一塁方向）の両方で走らせてタイムを測定したら、左回りのタイムの方が速かった」というお話を伺いました。
　同じ距離を走って右回りと左回りでタイムが違うのは、私たちのからだの中に**左脚を軸にしてからだを左に回す**ことが心地よい動きとして潜在的に備わっているからではないでしょうか？
　スイングにお悩みの方は、左脚を軸にからだを左に回すという心地よい動きを、ご自身のゴルフスイングに取り入れてみてはいかがでしょうか？

DRILL　左軸感覚をつかむ左片足ホッピング

　左股関節に意識を置いて上体を真っ直ぐに保ち、棒を肩に担いで左足一本で、左足横方向へホッピングします。動きのポイントは上体を真っ直ぐに保つこと、足一個分の幅だけ左にホッピングすることです。
　この練習で、しだいにスイングの中に左軸を感じられるようになるでしょう。

写真3-16　左片足ホッピング

●ヘッドスピードと飛距離の関係

＜ヘッドスピードの測り方＞

皆さんは、ご自分のヘッドスピードを知っていますか？

ヘッドスピードは、おもにドライバーを使用して測定され、クラブヘッドがインパクトの瞬間に移動する速さを指します。その数値は、秒速何m（m/s）というように表示されています。

一般の計測器は（ボールの初速＝ヘッドスピード × 1.4 〜 1.45）という計算式を基にヘッドスピードを割り出しています。そのためボールをジャストミートしたときとミスショットしたときでは、ヘッドスピードの数値が大きく変わってきます。もし皆さんが、ご自分のヘッドスピードを正確に計測したいのであれば、純粋にクラブヘッド単体の速さを測定できる計測器で測定することをお奨めします。

＜ヘッドスピードで飛距離が決まる？＞

ゴルフスイングで、ヘッドスピードが速いほど飛距離が出るのでしょうか？

答えは、NO です。

机上の計算では、ヘッドスピードが速ければボールは遠くに飛ぶという答えになります。しかし、実際にコースではヘッドスピード 45m/s のゴルファーより 40m/s のゴルファーの飛距離が出ている場合もあるのです。

なぜ、ヘッドスピードの速いゴルファーよりも遅いゴルファーの飛距離が出るのでしょうか？

飛距離を出すためには、三つの要素が大切です。
①ボールの初速
②打ち出し角度
③スピン量

①の「ボールの初速」は、ヘッドスピードに比例しますので、ヘッドスピードが速ければ速いほどボールの初速は速くなります。しかし、ヘッドスピードが速いことは飛距離を出すための一つの要素で、すべてではありません。

②の打ち出し角度と③のスピン量を最適にするためには、インパクトでのクラブの入射角がポイントになります。

私は、プロ・アマを含めたデータを基に最適な入射角とスピン量を割り出しました。プレーヤーのゴルフスタイルや技量により差はありますが、インパクト時のボールに対するクラブの入射角は、水平を ±0 度として +3 度（アッパーブロー）〜 −1 度（ダウンブロー）の幅が最適な入射角であると考えられます。

スピン量はヘッドスピード 50m/s 前後で 2500rpm（回転数 / 毎分）前後、またヘッドスピード 40m/s 前後で 3000rpm 前後がもっとも飛距離が出るというデータが出ました。

このように、飛距離を出すためにはヘッドスピードだけでなく、クラブヘッドの入射角とスピン量が伴わなければなりません。

＜クラブの入射角は ±0 度が目標＞

クラブヘッドの最適な入射角が、+3 度（アッパーブロー）〜 −1 度（ダウンブロー）と聞くと、ずいぶんと角度に開きがあると感じる方がおられるかもしれません。人のからだは、スイングロボットのように常に正確に動かすことができないので、多少の誤差は生まれます。入射角 +3 度（アッパーブロー）〜 −1 度（ダウンブロー）は、プレーヤー自身が入射角 ±0 度を意識してスイングしたときの誤差なのです。

では、プレーヤー自身が入射角 ±0 度を目標にスイングするためには、何が大切なのでしょうか？

クラブ入射角 ±0 度を目標にスイングするためには、アドレス時の左腰の高さをバックスイングからインパクトまで終始変えないでスイングすることが大切です。飛距離が伸びないと悩んでいる多くのゴルファーは、インパクトまでの左腰の高さがアドレス時と違っています（p.100 写真 3-17-①参照）。

左腰の高さが上下すると過度のアッパーブローやダウンブローになりやすく、ジャストミートできないためにスピン量も落ちて飛距離が出ません。

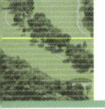

＜クラブの入射角を±0度に近づけるには＞

　クラブヘッドの入射角を ±0度に近づけるためには、ダウンスイングでアドレス時の左腰の高さを変えないことが大切です。写真 3-17 はダウンスイングでの左腰のズレを比較したものです。

　写真上段の「ズレている悪い例」では、ダウンスイングの③の左腰の位置がアドレス時の左腰よりも高い位置になっています。このように左腰が高くなったダウンスイングは、インパクトでクラブヘッドの入射角が過度のアッパーブローになり、ジャストミートの確率が低くなります。

　写真下段の「水平が保たれた良い例」では、ダウンスイングの③の左腰の位置がアドレス時の左腰とほとんど同じ高さになっています。アドレス時の左腰の高さが保たれたダウンスイングは、インパクトでクラブヘッドの入射角が ±0度に近くなり、ジャストミートの確率が高くなります。

　では、どうすればアドレス時の左腰の高さを変えないでスイングすることができるのでしょうか・・・。それを次の項目 [6] (p.101) で説明しています。

①ズレている悪い例

②水平が保たれた良い例

写真3-17　アドレス時とダウンスイングでの左腰のズレ

[6] 軸のとり方で飛距離は変わる

　ゴルフスイングでの最適なボールの打ち出し角度は、スイング時にクラブヘッドが入射角 ±0 度を意識してインパクトされたときに生まれます。また、入射角 ±0 度のスイングを行うためには、アドレス時の左腰の高さをバックスイングからインパクトまで終始変えないようにスイングすることが重要です（p.99「ヘッドスピードと飛距離の関係」参照）。

　では、どうすればアドレス時の左腰の高さをインパクトまで変えないでスイングできるのでしょうか？

　インパクトまでに左腰の高さがアドレス時と違ってしまう人の多くは、スイング中の軸のとり方に問題があるからです。変えないようにスイングするには、からだの左サイドに軸をとることが重要なポイントになります。スイング中の左腰の高さがアドレス時と違ってしまうゴルファーは、からだの右サイドに軸をとっています。

①右軸でのスイング　　　　　　　　　②左軸でのスイング

図 3-18　右軸と左軸のスイング

　からだの右サイドに軸をとると、インパクトで左腰の位置がアドレス時より高くなり、アッパーブローの入射角が強くなります。アッパーブローの入射角が強くなると、スピン量が減少するため飛距離が落ちてしまいます。そうならないためには、からだの左サイドに軸をとって、アドレス時の**左腰の高さをインパクトまで変えない**ように水平に保ち、入射角 ±0 度を目標にスイングすることが重要なのです。

2 ── 左軸感覚で動かす体幹の使い方

[１] 左軸感覚で動かす体幹のコイリング（巻き上げ）

●コイリングでは巻き上げ方向と逆方向に働く力も加える

　バックスイングでのからだのコイリング（巻き上げ）は、弾性エネルギー(バネやゴムなどが変形するときの元の位置にもどろうとする力)を利用してヘッドスピードを上げることができます。ボールを遠くに飛ばすためには必要な動きです。

　体幹のコイリングは、骨盤と両肩を結ぶラインに回転差を持たせる動きです。胸腰部の椎骨の可動域（p.25 写真1-6～1-8 参照）から言えば、骨盤と両肩を結ぶラインの回転差は約45度になります。

　からだをコイリングさせる際に大切なことは、単に骨盤と両肩を結ぶラインに45度の回転差を持たせるだけでなく、からだが右方向にコイリングされていく向きとは**反対の左方向に働く力を加える**ことです。そうすることで、左右に働く筋肉が互いに引っ張り合い、ダウンスイングの動作が素早くなり、大きな力を生

写真 3-19　コイリングでの腰と両肩の回転差

み出すことができるのです。からだが右方向にコイリングされていく向きとは反対方向に力を働かせるポイントは、アドレスで左股関節を外旋させておくことです。

　また、コイリングの上体と骨盤の回転差はからだの柔軟性によって異なります。からだが硬くて十分な回転差が得られないからといって、無理やりからだに負担のかかるような無理なコイリングをしてはいけません。たとえ回転差が少なくても、バックスイングで右にからだがコイリングされていく向きと反対方向（左）の力を左股関節にかけていれば、ダウンスイングの動作が素早くなり、大きな力を生み出すことができます。

　左股関節に外旋をかけたアドレスで、皆さん自身の股関節と胸腰部の可動域に合わせた無理のないコイリングを心掛けてください。

●コイリングでは重心の右への移動を抑える

　バックスイングのコイリングではアドレスの骨盤の位置をできるだけキープし、**重心の右への移動を抑える**ことが大切になります。

　では、どうすれば重心の右への移動を抑えることができるのでしょうか？

　右への重心移動を抑えるには、アドレスで左上腕と左股関節に外旋をかけておくことです。重心は外旋した側にシフトしやすくなるため、からだを右に回しても重心は左に引っ張られようとしているため、右への重心の移動が抑えられるのです。

　正しくコイリングされたトップ・オブ・スイングから、骨盤→肩の順序でダウンスイングが始動します。最初に動いた骨盤はダウンスイングの初期に動きのピークを迎えたのち減速し、次に肩の動きがピークを迎えます。

　トップ・オブ・スイングとダウンスイングの初期で骨盤と両肩を結ぶラインの回転差は最大になります。ダウンスイングの中期以降は骨盤と肩の加速と減速による動きで、骨盤と両肩を結ぶラインの回転差は徐々に小さくなります。

　コイリングで注意することは、コイリングそのものがヘッドスピードを上げるのではないということです。

●ヘッドスピードは動かす順序と速さが上手く伝達されたとき高まる

　ヘッドスピードを上げるためには、コイリングした体幹をダウンスイングから骨盤→肩の順序で動かしながら、さらに右肘→手首→クラブという順序で動きと速さを伝えていくことが大切です。

　コイリングした体幹を、ダウンスイングから骨盤→肩→右肘→手首→クラブという順序で関節をフルに使って動きと速さを伝えることができたとき、インパクトでは殆どのからだの動きは終わり、クラブだけが動いている状態になります。このように、からだを動かす順序と速さが上手く伝達できたとき、私たちプロは「（クラブの）抜けが良かった」という表現をします。

　皆さんが良いショットをしたとき「軽く感じる」のは、私たちプロと同じように、**からだを動かす順序と速さが上手く伝達できたとき**です。

DRILL ストップ・モーション・ドリル

コイリング、動きの順序と速さを伝える練習

トップ・オブ・スイング（骨盤45度・両肩90度コイリングさせた姿勢）から、ダウンスイング→インパクトまで、骨盤→肩→右肘→手首→クラブという順でポジションごとに動きを止めながら、ゆっくりとからだを動かしてみましょう。

写真 3-20　ストップ・モーション・ドリル

動きを止めるポジションは、時計の文字盤とグリップ位置を合わせます。
①骨盤の動きで9時→②肩の動きで8時→③右肘のほどきで7時→④手首のほどきで6時→⑤クラブシャフトが5時を目安にコマ送りのように①〜⑤まで動かした部位から順番に動きを止めながらゆっくり動かします。
上手く動かせるようになれば、徐々にスイングのテンポを速くしてみましょう。

　このドリルを続けると、スイングの中で順番に動いたところから減速し速さを伝える「タメ」の動きを身につけることができます。この動きはすぐに身に付くわけではありませんが、反復することであなたのショットは見違えるほど良くなるはずです。

COLUMN

＜コラム：フィニッシュの形でショットした選手の意図がわかる＞

　ゴルフは状況に応じて飛距離を重視してショットしたり、距離のコントロール（打ち分ける）を重視してショットする場面があります。飛距離を重視する場面のスイングはヘッドスピードを上げるため、骨盤→肩→右肘→手首→クラブという順序で関節をフルに使って、動きと速さを効率よく伝えながらスイングします。しかし、距離のコントロールを重視する場面のスイングでは、ヘッドスピードも打つ距離に応じてコントロールしなければなりません。そういった距離のコントロールを重視する場面のスイングでは、右肘→手首→クラブの関節の動きを少なくしヘッドスピードを抑えます。

　そのため、ゴルフトーナメントで選手がどのようなショットを重視してスイングしたのかは、フィニッシュの形に現れます。

①飛距離重視のフィニッシュ　　②コントロール重視のフィニッシュ

写真 3-21　状況に応じたスイングのフィニッシュ

写真①は、飛距離重視のスイングをしたときのフィニッシュです。ヘッドスピードを上げるため、骨盤→肩→右肘→手首→クラブという順序で関節をフルに使っているので、クラブヘッドの位置がグリップよりも低い位置に収まっています。
写真②は、距離のコントロールを重視したときのフィニッシュです。右肘→手首の関節の動きを抑えているので、クラブヘッドの位置がグリップよりも高い位置に収まっています。

　写真①のフィニッシュは、ドライバーやフェアウェイウッドでのショットでよく見られます。写真②のフィニッシュは、アイアンショットやアプローチショットでよく見られます。

　このことを知っておくと、ゴルフトーナメントをテレビや会場で観戦するとき、その選手がどのような意図をもってスイングしたのかがわかってきます。今まで以上に、臨場感をもって楽しんで観戦することができると思います。

（浜田 節夫）

[2] ジャストミートするための骨盤と体幹の使い方

ボールをクラブのスイートスポット（sweet spot）で正確にとらえるためには、インパクトでの骨盤と体幹の使い方を知っておくことが大切です。

●からだの上体とクラブシャフトの角度はおよそ90度

ゴルフのスイングはアドレスで上体を約30度前傾させます。この角度を前傾角度と言います。ゴルフクラブのライ角はクラブの番手によって異なりますが、一番長いドライバーが60度前後で、もっとも短いサンドウエッジが64度前後につくられています。

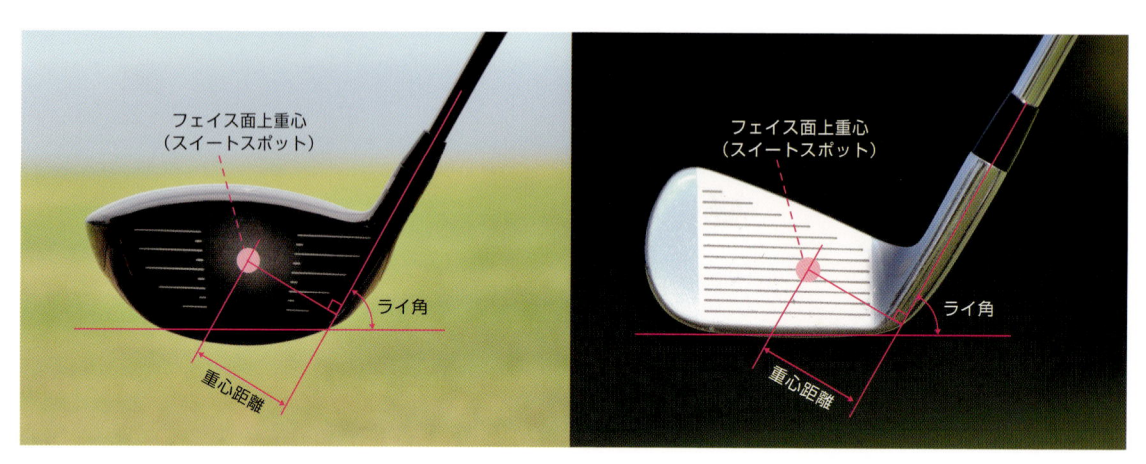

図3-1 ゴルフクラブのライ角

このように、どのクラブも極端にライ角は変わらないので上体を30度前傾させると上体とクラブシャフトの角度はおおよそ90度ぐらいになります。

写真3-22 アドレス時の上体の前傾角度とシャフトの角度

私の経験上、上体の前傾角度とクラブシャフトの角度が90度になる位置が、インパクトで最も上体とクラブがアドレスの位置にもどる姿勢だと思われます。厳密にはインパクトのグリップの位置は、クラブヘッドが「トウダウン」することでハンドアップ気味になるため、クラブシャフトがアドレスと同じ角度にまったく同じにもどるというわけではありませんが、アドレス時と同じ角度に近い位置にもどることは、ジャストミートの確率を間違いなくアップさせます。

●インパクトではクラブシャフトがアドレス時と同じ角度にもどる

写真 3-23 アドレス時とインパクト時のシャフトの角度

インパクトでクラブシャフトをアドレス時と同じ角度に近い位置にもどすためには、どのようにからだを使えばよいのでしょうか？

それは、インパクトでの骨盤と体幹の使い方がポイントになります。

インパクトでは、上体はアドレス時の30度の傾きに対して骨盤は水平に近い形になります。スイング全体の形はトッププロでもさまざまですが、インパクトの形に注目するとほとんどのプロのインパクトは、アドレス時の**上体の前傾角度が保たれ、骨盤は水平**に近い形です。

雑誌の連続写真などで見るインパクトの骨盤は、アドレス時に前傾しているので厳密にはわずかに傾いています。だからといって連続写真を見たままに骨盤を傾けようとスイングしてはいけません。実際にスイングしているプロたちは、インパクトで骨盤をできるだけ**水平に保つ意識で**スイングしています。

インパクトで骨盤を水平に保つためのポイントは、左股関節の高さをアドレス時と同じ高さに保つ意識でスイングすることです。そうすることで、クラブシャフトがアドレス時と同じ角度に近い状態でインパクトできるようになります。

ボールを正確にジャストミートできる優れたゴルファーは、インパクトでアドレス時の左股関節の高さと上体の前傾角度が保たれています。

アドレス時　　　　　　　　　　　インパクト時

写真3-24　タイガーのアドレスとインパクト

●ジャストミートすれば体幹の右側部が縮んだ（ゆるんだ）ように感じる

　インパクトで、上体の前傾角度が保たれ、かつ左股関節の高さも保たれると右肩と右腰の間隔が狭くなります。このとき、スイングしているゴルファー自身は体幹の右側部（右外腹斜筋）が縮んだ（ゆるんだ）ように感じます。

　インパクトで上体の前傾角度と左股関節の高さを保つためには、**体幹の右側部（右外複斜筋）を縮める（ゆるめる）感覚**を日頃から養っておくことが大切です。

写真3-25　インパクト後の右肩と右腰の間隔

2. 左軸感覚で動かす体幹の使い方

DRILL 体幹側部の柔軟性を高め、縮める（ゆるめる）感覚をつかむ練習

①椅子に座ったままHipで歩こう

上体を真っ直ぐに保ち片側のHipを交互に持ち上げる。Hipを歩くように動かすことで左右の体幹側部（外腹斜筋）の柔軟性を高め、インパクトで体幹側部（外腹斜筋）が縮む（ゆるむ）感覚を覚えよう。

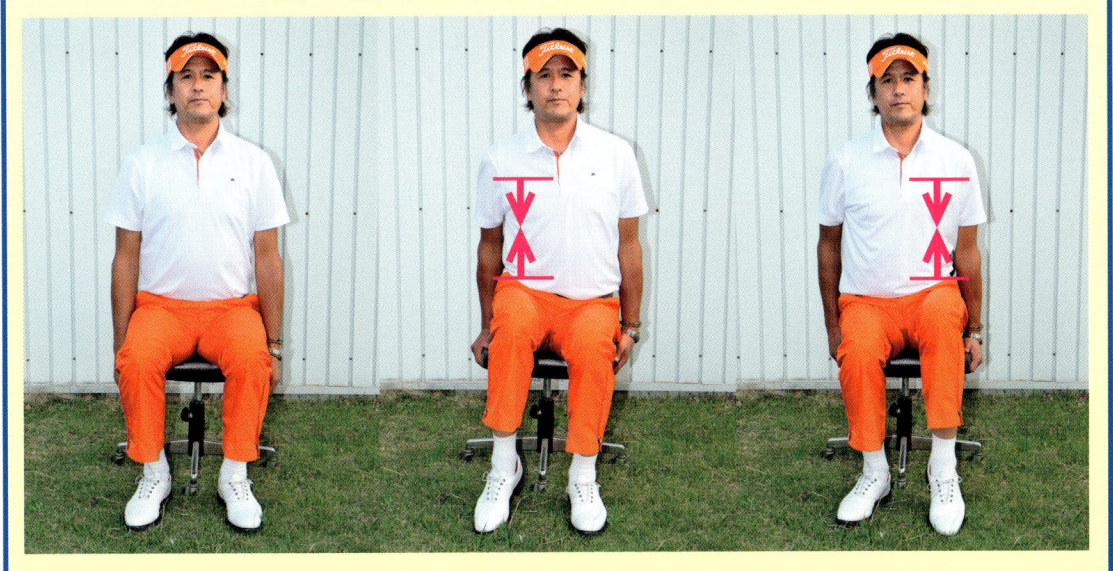

写真3-26 椅子に座ったままHipで歩く

②膝を高く持ち上げて歩こう

上体を真っ直ぐに保ち、片側の膝を交互にできるだけ高く持ち上げて歩こう。ドリル①と同じく左右の体幹側部（外腹斜筋）の柔軟性を高め、インパクトで体幹側部（外腹斜筋）が縮む（ゆるむ）感覚を覚えよう。

写真3-27 膝を高く持ち上げて歩く

[3] ジャストミートの極意（コツ）
〜からだの「寄せ」〜

　皆さんがインパクトでアドレス時の左股関節の高さと上体の前傾角度を保ち、ジャストミートできるようにそのコツを紹介します。

　そのコツとは、ダウンスイングでからだの右サイド（右股関節と右肩）を左サイド（左股関節と左肩）に「寄せる」ように使うことです。「寄せる」ように、というのはスイングしているゴルファー自身の感覚です。

　ダウンスイングは骨盤の回旋から始動し、骨盤の動きに連動して肩が動きます。ダウンスイングの前半は、からだの左サイド（左股関節と左肩）が主導します。

　からだの左サイドがアドレスの位置にもどると同時に左サイドの動きを抑え、からだの右サイド（右股関節と右肩）を左サイドに「寄せる」ように、からだの左サイドと右サイドの動きを入れ替えます。からだの「寄せ」は、からだの右サイドを回すというよりも、アドレスの位置にもどった左サイドと右サイドの間隔を縮めていくように**直線的に動かしていく感覚**です。極端な言い方ですが、からだの左サイドに右サイドを「寄せる」とき、左サイドが右サイドの動きをしっかり受け止めるために、アドレスの位置にもどると同時に左サイドの動きを止めるくらいの気持ちでスイングしてみてください。

　従来のゴルフ指導書などで、ダウンスイングで「左肩を開かない」とか「右肩を出さない」と言われてきたのは、からだの「寄せ」を行うための戒めなのです。

＜からだの「寄せ」を感じてみよう＞

　スイングは右腰→右肩→右肘の順序で動かしながら両手をからだの正面で合わせてアドレスしましょう。左手はその位置に保ったまま右手をトップ・オブ・スイングの位置まで動かしながらバックスイングします。ダウン手で左手を叩きましょう。

　この練習で、アドレスの位置にもどった左サイドと右サイドの間隔が縮まっていく「寄せ」の動きを感じとってみましょう。

写真3-28　右サイドの寄せを感じる練習

DRILL　左軸感覚を支える体幹ドリル

・体幹の寄せを極める

　水平感覚を意識した動作では、頭部の水平に加え両肩・骨盤・両膝・両足を水平に保つことが大切です。しかし、ゴルフ場ではティーグランド以外は平坦なところが無いと言っていいくらい、さまざまなアンジュレーションがゴルファーを待ち受けています。どのような足場の状況でも、重心の移動がスムーズにできる体幹の寄せを身に付けたいと思います。

　このドリルは、ストレッチなどのような柔軟性を高めることが目的ではありません。重心の移動を感じとること、移動した位置で体幹を回旋させること、更にはどのようにすればその位置で回旋しやすくなるかを体感してもらいます。

　ここで注意して欲しいのが顔の角度です。少し顎を出すような感じで目線を常に水平に保つことです。そして、視線はできるだけ遠くを見るようにしてください。そうすることによって、重心の位置をより感じやすくなります。

　スイングのように速さを要求するものではありません。ゆっくり行うことで、からだに動きを覚えさせていきます。

　決して、無理のないように自分のペースで行ってください。

①股関節による左右への寄せの練習

　このドリルは、股関節の内転と外転の作用を利用して行う動作です。体幹は中心を崩さないように注意しながら、左右の股関節に重心を寄せます。まずは、ウォーミングアップとしてこれを行います。

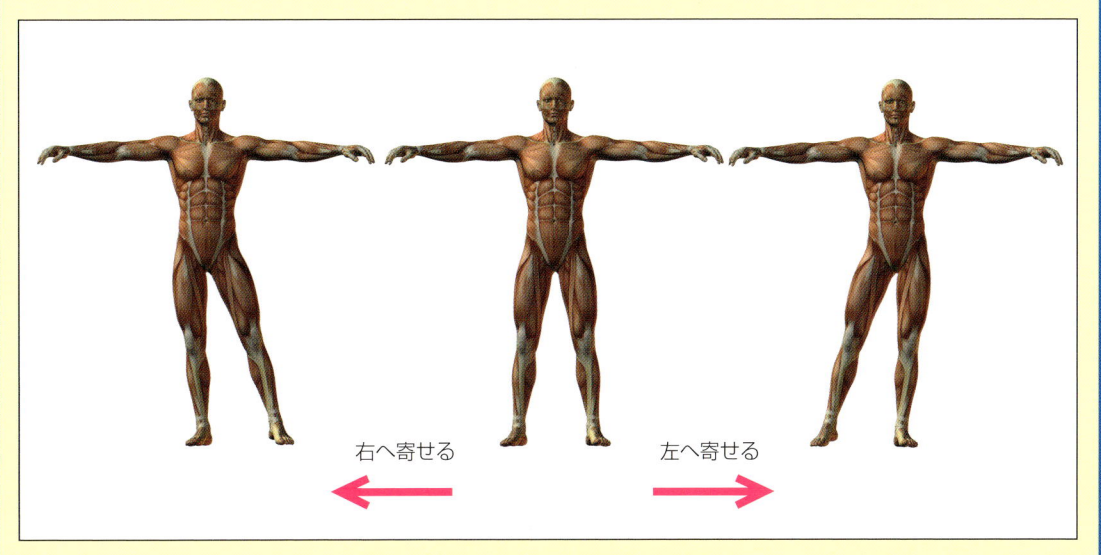

図 3-2　股関節による左右への寄せ

②体幹による左右への寄せの練習

このドリルは、体幹の左右への寄せで、胸部を左右の股関節上へ移動させるように行います。ここでは基本となる動作です。股関節を、内・外転させないように注意し、骨盤を固定させて上体だけで重心を移動させるようにします。

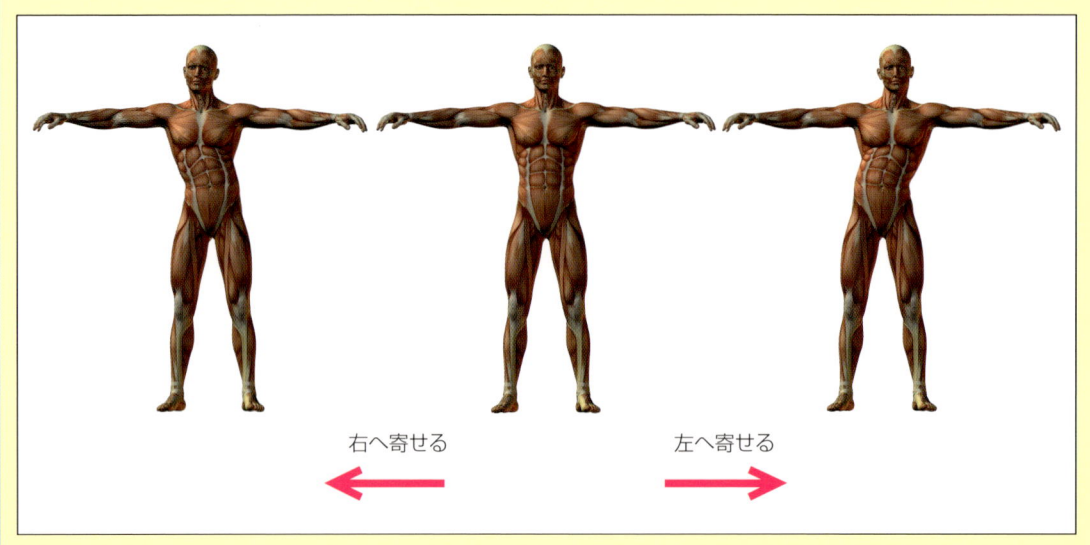

右へ寄せる　←　　　　左へ寄せる　→

図3-3　体幹による左右への寄せ

③体幹を寄せてから回旋の練習

このドリルは、体幹を左右いずれかに寄せてから、寄せた側へ体幹を回旋させます。ここでも、骨盤を動かさないように注意してください。

体幹を左へ寄せ　→　　　寄せた側に回旋　→

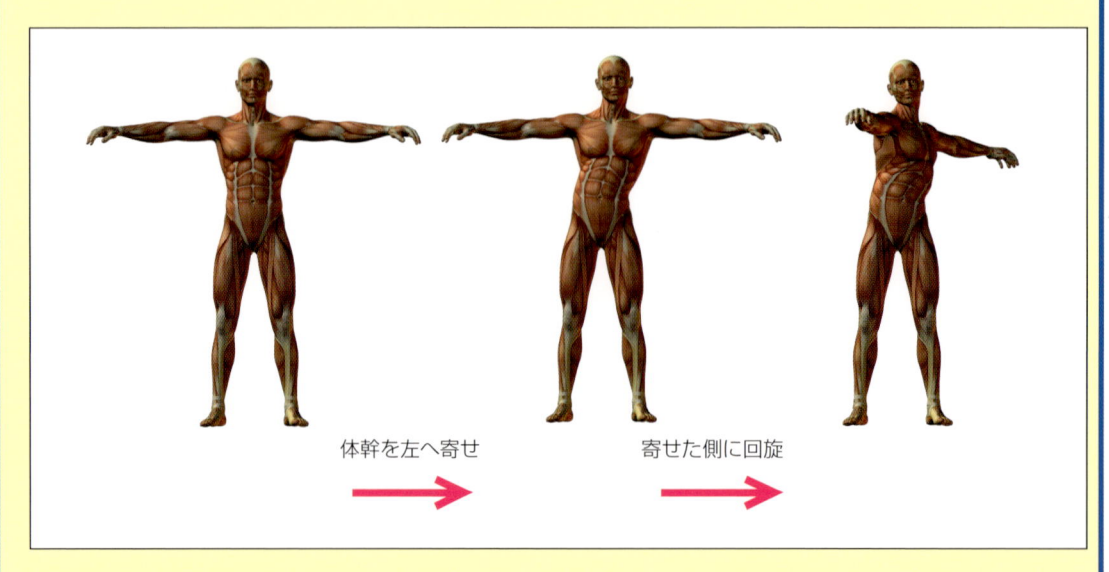

図3-4　体幹を寄せてからの回旋運動

④体幹を寄せ、骨盤を寄せてから回旋の練習

このドリルは、図3-5のように体幹を左右いずれかに寄せてから同側へ骨盤を寄せ、寄せた側へ体幹を回旋させます。

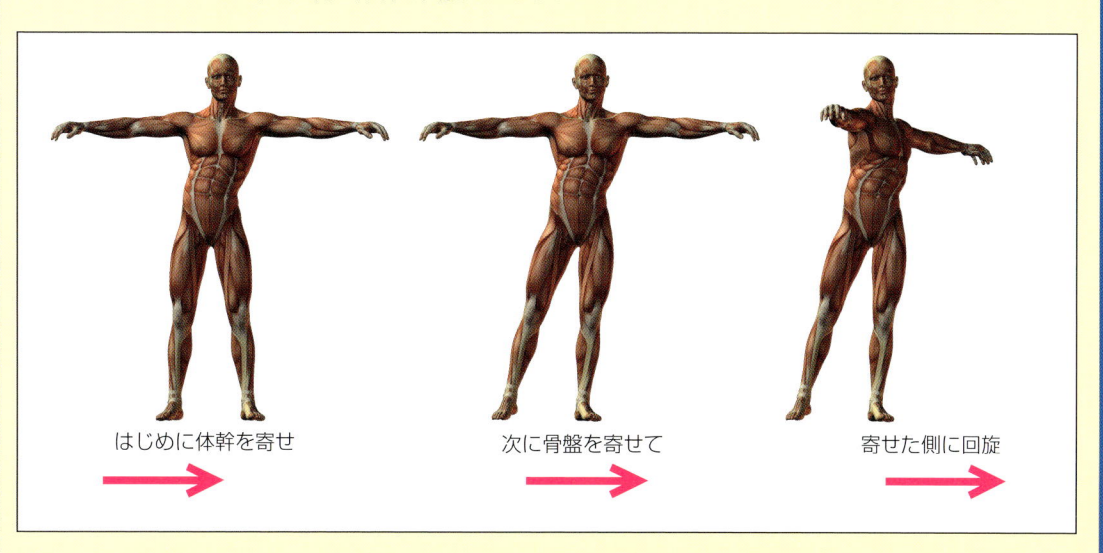

はじめに体幹を寄せ　→　次に骨盤を寄せて　→　寄せた側に回旋

図3-5　体幹を寄せ、骨盤を寄せてから回旋

⑤体幹・股関節を左へ寄せた状態から上体を右左へ回旋する練習

このドリルは、図3-6のように体幹と股関節を左へ寄せた状態から、上体を右左へ回旋させます。この運動は、ゴルフスイングに最も近い動作です

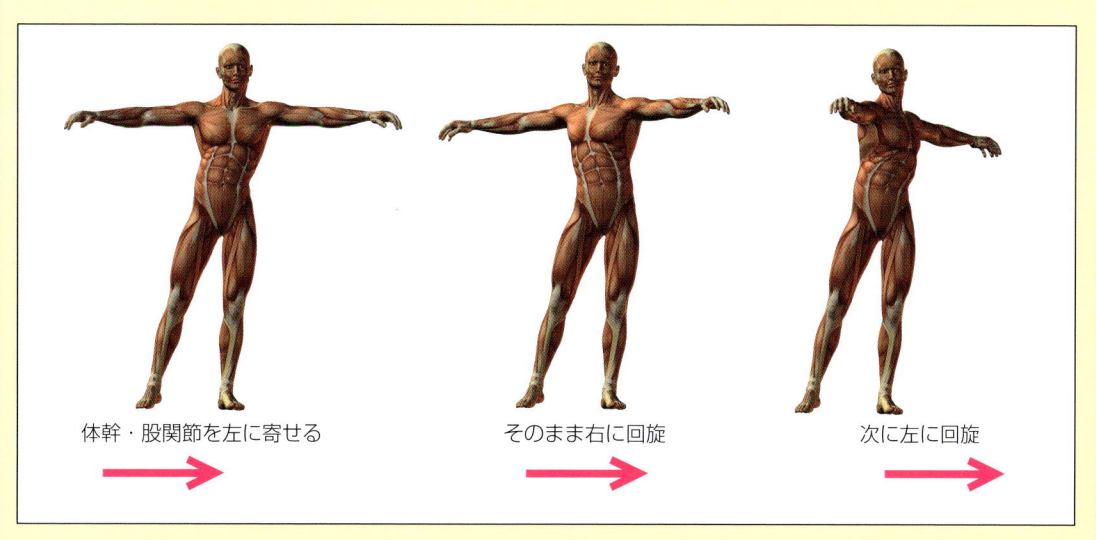

体幹・股関節を左に寄せる　→　そのまま右に回旋　→　次に左に回旋

図3-6　体幹・股関節を左へ寄せた状態から上体を右左へ回旋

このようなドリルをやってみて、重心移動をさせずに体幹を回旋させる運動は意外に可動域が狭いことに気づかれたと思います。特に、左へ体幹・股関節を寄せた

状態から右側へ体幹を回旋させる動作は非常にやり辛く感じるはずです。そのため、スイング時に無理にトップの位置を作ろうとすると無意識のうちに重心が右に流れてしまいます。必要以上に、体幹部を回旋させずにトップの位置をつくるために重要なのが肩関節を含む肩甲帯です。体幹部の回旋域が狭い分を肩甲帯の可動域が補ってくれます。

　肩甲帯とは、胸鎖関節（胸骨・鎖骨）、肩鎖関節（鎖骨・肩甲骨）、肩関節（肩甲骨・上腕骨）で構成されます（p.22, 図 1-1 参照）

　体幹部と肩部をつなぐ関節である胸鎖関節は、胸骨と鎖骨で構成されています。この鎖骨が大きく動くことで、肩関節の凹面である肩甲骨の可動域が拡がります。

　そこで、鎖骨に付着する筋が重要になってきます。特に、アドレス時からストレスがかかる胸の筋肉は、鎖骨の動きを妨げてしまいます。そこで、それを防ぐためにも次のドリルをやってみましょう

⑥ 7番アイアンを使った胸部のストレッチング

写真 3-29　胸部のストレッチング

　この胸部のストレッチング（写真 3-29）は、大胸筋のストレッチを兼ねて行います。右胸を伸ばす際は、体幹・股関節を左へ寄せた状態から、体幹部を右へ回旋させながら行います。この時、鎖骨の内側に付着する胸鎖乳突筋にもストレスをかけないようにあごをやや上げ気味で行います。あごを引いた状態との違いを確認してみるといいでしょう。

　また、体幹部を右へ回旋させた際に右腕からクラブが離れないようにすることが大切です。

　スイング時の重心のあり方を、この一連のドリルで感じ取ってみてください。

[4] 骨盤の水平を導く「膝の抜き」

　ゴルフスイングで非常に難しいところは、上体を前傾させながら骨盤を水平に回旋させることではないでしょうか。特に、インパクトで骨盤を水平に保つことは、ボールをジャストミートする上でとても重要です。

　ここでは、インパクトで上体の前傾と骨盤の水平を保つための、「膝の抜き」を身に付けていただきたいと思います。

　左軸感覚のダウンスイングは、左股関節の外旋で始動し骨盤を回旋させていきます。このとき、上体の前傾と骨盤の水平を保つために「膝の抜き」という操作を加えます。

　「膝の抜き」とは、どのような操作なのでしょうか？

　「膝の抜き」を体感していただくために、先ず踵を支点にからだを前傾させて立ち、右足を一歩前に踏み出しましょう。

　次に、この動きを素早く行うために右足を踏み出すときに支持足である左膝を一瞬パット曲げてみましょう。左膝を曲げた瞬間にからだが加速しながら前進しませんでしたか？

　左膝を曲げるときには、つま先に体重をかけないで**左膝を曲げると同時に左踵をさらに踏む**ことがポイントです。

①膝を抜かない動作

②「膝の抜き」動作

写真 3-30 膝の使い方

「膝の抜き」は、ダウンスイングの始動で左股関節が外旋すると同時に、左膝が一瞬曲がるように動きます。このとき、左足のつま先に体重をかけないで踵寄りのアウトエッジにかけるようにしてください。

「膝の抜き」で注意することは、膝の動きだけにとらわれないで左股関節の外旋と膝の動きが連動していることが重要です。

「膝の抜き」が身に付いてくると、ダウンスイングでからだが沈み込むような感じになります。からだが沈み込む動きは、「膝の抜き」によって重心が一瞬落ちるため無意識に起こる動きです。このようなダウンスイングのからだの沈み込みは、トッププロに多く見られます（写真3-31 参照）。

写真3-31　トップ・オブ・スイングとダウンスイングでの「膝の抜き」

この「左膝の抜き」による重心の沈み込みによって、ダウンスイングからインパクトにかけて上体の前傾と骨盤の水平を保つことが容易になります。

トッププロの連続写真などでからだが沈み込んでいるからといって、からだを意識的に沈み込ませようとするのは、かえってスイングを悪くしてしまいます。

読者の皆さんは、そうならないように「膝の抜き」によってからだの沈み込みが自然に起こることを知っておきましょう。

2. 左軸感覚で動かす体幹の使い方

[5] 水平感覚を養う練習方法

「練習場では調子が良いのに、コースにいくと悪くなる・・・・・」このような声をよく耳にします。

日頃、平坦な場所ばかりで練習していると自分自身の姿勢の崩れに気が付かなくなってしまいます。実際のコースは、練習場と違いさまざまな傾斜からショットすることが求められます。さまざまな傾斜で安定したショットをするためには、日頃から地面に対して骨盤を平行に保つことが大切になります。

ここでは、そのための練習方法をいくつか紹介します。

＜傾斜面ショット＞

さまざまな傾斜面を利用してショットしてみよう。

①左足上がりのショット

②左足下がりのショット練習

写真 3-32　傾斜面のショット

＜斜面のつもりショット＞

平坦な練習場での場合は、傾斜のつもりで故意に姿勢を傾けてショットしてみましょう。

この練習のポイントは、アドレス時のからだの傾きを始終変えないようにスイングすることです。故意にからだを傾けてスイングすることで水平感覚を養うことができます。

写真 3-33　傾斜のつもりショット

DRILL　High-Tee ショット練習

ショートアイアン（Sw〜7I）を使って、高くティーアップしたボールをフルショットする。ティーを打たないでボールだけが打てるように練習する。

写真 3-34　High-Tee ショット

アドレス時の左腰の高さを変えないようにスイングしないとボールだけを打てない。

COLUMN

＜コラム：ボールをよく見るとはどういうことか ～遠山の目付け～＞

ボールを使うスポーツでは、よく「ボールをよく見ろ」という教えが聞かれます。野球・卓球・テニスなどでよく言われる内容です。そして、ゴルフでもボールから目を離さないことは上達の絶対条件のように言われています。さて、「ボールをよく見ろ」とは「ボールをしっかりと凝視する」ことであると理解しているゴルファーが案外に多いのではないでしょうか。アドレスからインパクトまで「ボールを見つめる」ように心がけているかもしれません。

元読売巨人軍の監督で日本シリーズを9連覇した川上哲治氏は、現役時代に「ボールが止まって見えた」または「ボールの縫い目が見えた」と語っていたことは有名です。多くの野球選手は、縫い目が見えるくらいにボールを凝視することが大切であると理解したと思います。しかし、最近のスポーツ科学の進歩によりプロのバッターはボールを凝視していないことがわかってきました。さて、「ボールをよく見る」とか「ボールから目を離さない」とはどういうことなのでしょうか。

実は、「ボールをよく見る」または「ボールから目を離さない」ことと「ボールを凝視していない」ことは矛盾する内容ではないのです。

武道には「遠山の目付け」という教えがあります。一点を見るのではなく、相手の全身をくまなく見るようにします。この「遠山の目付け」について興味深い実験結果が報告されています（加藤貴明『最新スポーツ心理学その軌跡と展望』大修館書店、2004年、p.167～169）。

剣道の中段の構えで、師範（高段者）、熟練者（大学生）、非熟練者（剣道の経験がない学生）の視線が、相手のどの部分を見ているかを計測しています。すると、師範の視線は、相手の目から全く動きません。熟練者（大学生）も師範ほどではありませんが、ほぼ相手の目を見ています。しかし、非熟練者は、相手の小手、胴、竹刀などに視線が頻繁に動きます。つまり、「遠山の目付け」を習得すると、視線がある一点から動かなくなるのです。これは、どういうことなのでしょうか。師範は一点を凝視しているのではないのです。凝視するのではなく、視線を相手の目に置いて全体を見ています。つまり、一点に置いた視線を変えないことによって、「遠山の目付け」が可能になるのです。視線を別の場所に移すと、その瞬間、必ず凝視してしまいます。皆さんも視線を変えて試してみてください。

「遠山の目付け」にするための視線の置き場所を「視支点」と言います。広範囲の対象をとらえるときに、その対象の中心付近に置かれる仮想的な支点です。決して、凝視する点ではありません。つまり、ゴルフをはじめとして、野球、卓球、テニスなどでボールを見ることの本当の意味は、ボールを「視支点」にして、その周辺を全体的に見ることなのです。この目（視線）の使い方によって、からだ全体がスムーズに動き合理的な身体操作が実現します。「遠山の目付け」は、ゴルフ上達のキーワードかもしれません。

（木寺 英史）

ゴルファーなら知っておきたい「からだ」のこと
©Hamada, Oyamada, kidera, Oda 2012　　　　NDC 783　119p　26cm

初版第1刷──2012年2月1日

著　者──────浜田節夫／小山田良治／木寺英史／小田伸午
　　　　　　　　はまだせつお　おやまだりょうじ　きでらえいし　おだしんご
発行者──────鈴木一行
発行所──────株式会社大修館書店
　　　　　　〒113-8541　東京都文京区湯島2-1-1
　　　　　　電話 03-3868-2651（販売部）03-3868-2299（編集部）
　　　　　　振替00190-7-40504
　　　　　　[出版情報] http://www.taishukan.co.jp

装丁・本文デザイン・DTP──齊藤和義デザイン事務所
編集協力──────錦栄書房
印刷所──────壮光舎印刷
製本所──────難波製本

ISBN978-4-469-26727-3　Printed in Japan
Ⓡ本書のコピー、スキャン、デジタル化等の無断複製は著作権法上の例外を除き禁じられています。本書を代行業者等の第三者に依頼してスキャンやデジタル化することは、たとえ個人や家庭内での利用であっても著作権法上認められておりません。